MARIE LANGER

DAS GEBRATENE KIND UND ANDERE MYTHEN

DIE MACHT UNBEWUSSTER PHANTASIEN

MARIE LANGER

I
VON WIEN BIS MANAGUA
Wege einer Psychoanalytikerin

II
DAS GEBRATENE KIND UND ANDERE MYTHEN
Die Macht unbewußter Phantasien

III
MUTTERSCHAFT UND SEXUS
Eine psychoanalytische und psychosomatische Studie

MARIE LANGER
II

DAS GEBRATENE KIND UND ANDERE MYTHEN

DIE MACHT UNBEWUSSTER PHANTASIEN

Kore

CIP-Kurztitelaufnahme der Deutschen Bibliothek

Langer, Marie
Das gebratene Kind und andere Mythen: d. Macht unbewußter Phantasien / von Marie Langer. [Aus d. Span. von Mechthild Schabbach]. – Dt. Erstveröff. – Freiburg i. Brsg.: Kore, 1987.
Einheitssacht.: Fantasías eternas a la luz del psicoanálisis <dt.>
ISBN 3-926023-06-6

In Zusammenarbeit mit medico international

Deutsche Erstveröffentlichung
Titel der spanischen Ausgabe:
Fantasías eternas a la luz del Psicoanálisis.
1. Auflage: Editorial Nova, 1957
2. Auflage: Ediciones Hormé, Buenos Aires 1966
Aus dem Spanischen von Mechthild Schabbach
(Das gebratene Kind, Elisabeth I., Unbewußte Phantasien)
und Verónica Reisenegger
(Barabbas, Die Wandlung)
Die Wandlung (El cambio) ist in
Bernard Goorden/A. E. van Vogt,
Lo mejor de la ciencia ficción latinoamericana
Ediciones Martínez Roca, 1982, erschienen.
Titelbild von Evita Perón mit freundlicher Genehmigung
von Gisèle Freund
Titel und Ausstattung: Michael Wiesinger

Gesetzt im Hause aus der Palatino
Druck: SIPIEL, Milano
Printed in Italy

ISBN 3-926023-06-6

INHALT

Ich glaube keineswegs, daß man die äußere Welt, ihren Einfluß auf uns und unseren auf sie außer acht lassen darf. Jemand hat einmal gesagt, daß wir auf der Welt sind, um sie zu verändern. Wenn das stimmt, sollten wir die Welt und uns genau kennen.

Marie Langer

Am 22. Dezember 1987 ist Marie Langer in Buenos Aires gestorben.

VORWORT
ZUR DEUTSCHEN AUSGABE

Es freut mich, daß dieses kleine Werk jetzt in meiner Muttersprache veröffentlicht wird. Ich mußte nicht allzuviel aktualisieren, handelte es sich darin doch um die Analyse «ewiger», zeitloser Phantasien. Trotzdem schulde ich dem deutschen Leser zwei Erklärungen. Die erste ist psycho-politischer Natur:

Dieses Buch erschien zum ersten Mal 1957 in Argentinien. Juan Perón war erst zwei Jahre zuvor von den Militärs, den Großgrundbesitzern und den Unternehmern mit Hilfe der Kirche gestürzt worden, Evita Perón 1952 gestorben. Die Erinnerung an sie war noch sehr lebendig. Obwohl ich an anderer Stelle, in meiner Autobiographie «Von Wien bis Managua» (Kore, 1986), meine Bewunderung für Eva Perón klar artikuliere, halte ich mich hier in dieser Hinsicht eher zurück. Warum drücke ich mich in der Analyse der Mythen über Eva Perón so neutral und distanziert aus? Heute würde ich einfach sagen: aus Feigheit. Ich war Ausländerin, mein Doktortitel wurde zu diesem Zeitpunkt noch nicht anerkannt, und ich gehörte der Psychoanalytischen Vereinigung an, deren Mitglieder Eva Perón geradezu leidenschaftlich abgelehnt haben. Ich hatte zu mehr keinen Mut, ich traute mich einfach nicht, meine Neigung zu ihr preiszugeben und habe sie mit wissenschaftlicher Neutralität getarnt.

Die zweite Erklärung betrifft Melanie Klein. Die argentinischen Psychoanalytiker waren Anhänger Melanie Kleins. Wir lernten und lehrten ihre Theorien zu einer Zeit, in der sie, außer von ihrer Gruppe in England, fast überall als «Ketzerin» verdammt oder zumindest als unwissenschaftlich abqualifiziert wurde. Ich glaube, daß das Erscheinen dieses von Melanie Klein beeinflußten Buches damals, als man in Deutschland die in den USA entstandene Ich-Psychologie lehrte, nicht möglich gewesen wäre. Inzwischen hat sich das geändert. Während in Argentinien sich das Interesse Lacan zuwendet, wird Melanie Klein international zunehmend akzeptiert. Meine Position zu Melanie Klein habe ich in meiner Autobiographie ausführlich dargelegt; noch heute finde ich die auf ihre Theorien gestützten Deutungen richtig, die diesem, den unbewußten Phantasien gewidmeten Buch erst seinen Sinn geben.

Nachdem ich mich lange genug analytisch mit der Vielfalt und Heterogenität der Phantasien beschäftigt hatte, habe ich mich 1966 als Science-fiction-Schreiberin versucht, meinen eigenen Phantasien freien Lauf gelassen und mich jenseits der psychoanalytischen Situation mit Vergnügen einmal selbst, nicht als die, die die Phantasien ihrer Analysanden deutet, sondern als die, die sie auch hat, in das Spiel begeben, das Science-fiction ist. So ist meine Kurzgeschichte «Die Wandlung» entstanden, die ich diesem Buch gern beigebe. Auf meinen Beitrag «Phantasie und Realität in der ‹Gestalt› der Psychoanalyse», der in den spanischen Ausgaben noch enthalten ist, habe ich verzichtet, weil er in vieler Hinsicht nicht mehr dem entspricht, was ich heute denke.

Ich hoffe, daß dieses kleine Werk, das ich – ich gebe es ohne Scham zu – sehr liebe, auch den deutschsprachigen Lesern und Leserinnen gefallen wird. Es bringt nichts wesentlich Neues, aber es versucht, psychoanalytisches Wissen auf einfache, nicht prätentiöse Weise zu vermitteln. Das wäre alles.

Mexico, im Januar 1987 *Marie Langer*

VORWORT ZUR SPANISCHEN AUSGABE

Ewige, zeitlose Phantasien: Ich möchte einige wiedererzählen und analysieren und mache damit von der Möglichkeit Gebrauch, die Freud vor einem halben Jahrhundert für die Psychoanalytiker geschaffen hat. Er war es, der die Bedeutung der Träume erforscht und erkannt hat, die fachliche Eingrenzung des Arztes durchbrach und durch seine Forschungen und Exkurse in nicht-medizinisches Terrain eine neue Disziplin entwickelte, die des psychoanalytischen Feldes, und damit eine interdisziplinäre, die Medizin, Anthropologie, die Psychologie und andere Wissenschaften umfassende Theorie schuf. Als er das Unbewußte seiner Patienten entdeckt hatte, konnte er das Geheimnis ihrer Phantasien entschlüsseln. Freud überschritt die Grenzen des Klinischen. Er entdeckte die Universalität des Unbewußten und der unbewußten Phantasien und damit, daß es zwischen normalen und nicht-normalen Menschen, zwischen gesunden und kranken keine eindeutige Grenze gibt. Damit erschloß und eröffnete er eine neue Welt. Freud erkannte die vielschichtigen Prozesse, die dem Traum, dem künstlerischen Werk, dem Mythos und der Religion zugrundeliegen, er hat die Zeitlosigkeit und Unpersönlichkeit des Ursprungs unserer Phantasien entdeckt. Er hat uns reicher gemacht und unser Verständnis für uns als Individuen vergrößert, weil er von jeglicher Individualität abstrahierend die menschliche Psyche fand und die des Geisteskranken, Primitiven, des Menschen aus der Urhorde, der des Künstlers oder des Genies vergleichbar machte. Freud skizzierte diese neue Welt sein ganzes Werk hindurch, steckte ihre Grenzen ab und erforschte einen großen Teil ihrer unbekannten Regionen. Seine Nachfolger sind dabei, die weißen Flecken, die geblieben sind, auszufüllen. Melanie Klein und ihre Mitarbeiter haben meiner Ansicht nach am meisten zum Verständnis dieses Themas, das der zeitlosen und unbewußten Phantasien, beigetragen. Ich nenne hier vor allem Susanna Isaacs, auf deren genaue Studien und Erkenntnisse ich mich immer wieder beziehen werde.

Dieses Buch besteht aus scheinbar nicht zusammenhängenden Teilen, die ein Leitmotiv miteinander verknüpft, das der Macht unbewußter Phantasien; um die Entschlüsselung und Wirksamkeit dieser Macht geht es mir in jedem einzelnen Aufsatz.

«Das gebratene Kind und andere Mythen um Eva Perón» – der Titel nimmt voraus, daß auch der moderne Mythos seine Wurzel in den zeitlosen und kollektiven Phantasien hat. Er entwickelt sich immer anonym, aus dem Unbewußten der Menschen. Sein Ursprung verliert sich in grauer Vorzeit. Marie Bonaparte hat dargelegt, daß spezifische Gerüchte, die aus sozialen und aktuell historischen Gründen entstehen, ihrem Wesen nach Mythen sind, moderne Mythen. Sie hat ihre Entstehung analysiert und wie und warum unter gewissen äußeren Umständen bestimmte in uns schlummernde Phantasien wach und lebendig werden. Die modernen Mythen sind lebendiger als andere Fiktionen, weil sie – wie der als Gerücht erscheinende moderne Mythos zum Ausdruck bringt – mehr als nur irreale Phantasien sind; sie bewirken für die, die sie erzählen, die sie hören und die sie weitergeben, eine tatsächliche Veränderung der Realität durch die unbewußten Mächte, die sie entfesseln. Aus diesem Grund stellen die Mythen eine ernstzunehmende politische Kraft dar. Eine ähnliche Eigendynamik kann die Idealisierung oder kategorische Ablehnung z. B. einer prominenten politischen Persönlichkeit auslösen, wenn es gelungen ist, sie zu

einem adäquaten Objekt zu machen, auf das sich die Projektionen richten, und zwar gerade auf dem Hintergrund von archaischen Bildern, die zu den tragenden Elementen unserer Phantasien gehören.

Bei «Elisabeth I. von England...» und der Geschichte ihrer Mütter interessiert mich, wie die unbewußten Phantasien Elisabeths auf ihr Leben und ihr Schicksal Einfluß genommen haben und damit auch auf die Geschichte Englands. Umgekehrt war Elisabeth selbst Opfer der Phantasien und unbewußten Erfahrungen der Menschen, von denen sie umgeben war. Susanna Isaacs beschreibt diese allgemeine Wechselwirkung in ihrer Arbeit über die unbewußten Phantasien: «Die Phantasie ist eine Fiktion, obwohl sie in den Empfindungen des Subjekts real ist. Sie ist Teil des menschlichen Geistes und prägt nicht nur das Innere des Menschen, sondern auch seine körperliche Entwicklung, sein Verhalten, den Geist und die Körper anderer Menschen.» Elisabeth I. besaß Macht und hatte schöpferische Möglichkeiten, die Welt zu gestalten. Sie hat den Lauf der Geschichte beeinflußt. Die Frage, wie unbewußte Phantasien im gesunden oder kranken Körper wirksam werden, wie sie sich niederschlagen, gehört zu einem der interessantesten Probleme der modernen Medizin.

Analysieren wir «Barabbas», den Roman von Pär Lagerkvist, entstehen vor uns die Ursprungsphantasien der Menschheit. Freud ist ihrer zeitlosen, vorgeschichtlichen Wahrheit auf den Grund gekommen, es ist der Ursprung der Religionen. Barabbas, der Protagonist, wird gewissermaßen innerhalb einer dialektischen Klammer beschrieben: Die eine ist die historische Situation, die der Kreuzigung, die andere seine Persönlichkeitsstruktur, in der sich sein Kampf um Liebe, die Suche nach der Realisierung seines Ideals und die gleichzeitige Leugnung offenbart. Dieses Buch, in das sich die archaische Struktur unbewußter Phantasien eingeschrieben hat, konfrontiert uns in seiner ganzen Intensität mit unseren eigenen inneren Dramen.

In dem Essay «Unbewußte Phantasien und Science-fiction» will ich begreiflich machen, worin die Faszination der Science-fiction-Literatur besteht. Sie setzt Phantasien frei, die ohne jegliche Begrenzung von der Realität sich entfalten können. Um das erklären zu können, beziehe ich mich wieder auf Susanna Isaacs, die der Phantasie dieselbe Funktion nachgewiesen hat wie Freud in Bezug auf das Spiel: Wunschbefriedigung, Strategieentwicklung, Gefahrvermeidung etc.. Phantasie und Spiel helfen dem Kind dabei, eine neue und beängstigende Realität zu erlernen und sich ihr ganz allmählich anzupassen. Auf die gleiche Weise hilft uns Erwachsenen das Spiel mit Science-fiction in einer spezifischen lebensgeschichtlichen und historischen Situation, die in uns die Unsicherheit, die wir als kleines Kind gespürt haben, wiederbelebt. Diese Unsicherheit wächst in uns erneut, wenn gefährliche Veränderungen sich unserer zu bemächtigen drohen und wir in große Erregung darüber geraten, daß wir die Kontrolle über die Kräfte, die wir selbst entfesselt haben, verlieren. Wenn wir aber nicht nur den bloßen Inhalt von Science-fiction-Literatur, d. h. das, was gesagt wird, sondern auch ihren latenten Inhalt analysieren, begegnen wir uns selbst und stoßen hinter der neuen, glatten und sauberen Fassade des Atomzeitalters auf unsere unbewußten, zeitlosen Phantasien, die uns in ihren Bann ziehen. Beim Lesen vergessen wir nie, daß wir in eine fiktive Welt geführt werden, und agieren im Spiel, das scheinbar ohne Normen ist, unsere Ängste, Schmerzen und Sehnsüchte aus.

Buenos Aires, 1957 *Marie Langer*

DAS GEBRATENE KIND
UND ANDERE MYTHEN
UM
EVA PERON

In unserer Kultur ist die Mutterschaft heilig. Ihre allgemeine Verehrung zeigt sich in der Umgangssprache, in typischen Redensarten wie: *«Meine Mutter ist eine wahre Heilige!»* Wer nicht gerade eine wirklich schlechte und perverse Mutter hat, liebt sie; wäre sie tatsächlich schlecht, würde niemand wagen, das zuzugeben, sondern sie stattdessen idealisieren.

Die Psychoanalyse – und insbesondere die englische Schule[1] – hat gezeigt, daß neben der guten auch die andere, die schreckenerregende Mutterimago in uns ist: das Bild der Mutter, die zerstört, tötet, ihr Kind verschlingt. Ich möchte diese These mit Material aus der alltäglichen Psychopathologie veranschaulichen. Dabei stütze ich mich zunächst auf ein Gerücht, das 1949 in Buenos Aires kursierte und das von Dienstboten, Taxifahrern, in Friseursalons und Geschäften so schnell weitergegeben wurde, daß es bald in aller Munde war. Wir haben es mit einem Phänomen zu tun, das man als modernen Mythos bezeichnen könnte. Diesen Begriff übernehme ich von Marie Bonaparte. In ihrem Buch *Mythes de guerre*[2] beschreibt sie, wie in einer durch den Zweiten Weltkrieg verursachten psychischen Situation hartnäckige Gerüchte entstanden, die von Mund zu Mund und mit äußerster Geschwindigkeit verbreitet wurden. Sie analysierte deren latente Inhalte und stellte fest, daß solche Gerüchte die Funktion haben, in bestimmten Situationen, die durch schwelende, nicht lösbare Konflikte gekennzeichnet sind, die kollektive Angst auf eine verschlüsselte Weise zu verarbeiten. Damit erhalten sie eine ähnliche Funktion, wie die klassischen, historischen Mythen sie in ihrer Zeit innegehabt haben.

Das Gerücht, von dem ich hier erzählen werde, sprach sich in Windeseile herum, wurde selbst von Leuten für wahr gehalten, die im allgemeinen über ein kritisches Urteilsvermögen verfügten. In dem Zeitraum von nur einer Woche erreichte es mich in neun Versionen, die sich lediglich in Einzelheiten unterschieden. Das könnte bedeuten, daß das Gerücht, wenngleich verdeckt und in verdichteter Form, mit einer verdrängten inneren Situation korrespondiert, kindlichen Ängsten insbesondere, die auch bei den meisten Erwachsenen unbewußt noch vorhanden sind.

Die vollständigste Version jener seltsamen Geschichte, die man sich im Juni 1949 überall in Buenos Aires erzählte, lautet etwa so: Ein junges Ehepaar stellt ein Dienstmädchen ein. Die junge Frau steht kurz vor der Entbindung. Das Kind kommt zur Welt. Einige Wochen später überlassen die Eltern das Kind der Obhut des Mädchens, zu der sie inzwischen volles Vertrauen haben, um ins Kino zu gehen. Als sie zurückkommen, ist das ganze Haus hell erleuchtet. Das Dienstmädchen, folgt man der einen Version, empfängt sie mit feierlichem Ernst im Hochzeitskleid ihrer Herrin und teilt ihnen mit, daß sie eine große Überraschung für sie bereithalte. Sie bittet die beiden ins Speisezimmer, wo sie ihnen ein besonderes Festmahl zubereitet habe. Als sie eintreten, bietet sich den Eltern ein grauenhafter Anblick. In der Mitte des mit größter Sorgfalt gedeckten Tisches erblicken sie ihr Kind, auf einer großen Platte, gebraten und mit Kartoffeln angerichtet. Die unglückliche Mutter wird augenblicklich verrückt. Sie verliert die Sprache, und niemand hat sie seither auch nur ein einziges Wort sprechen hören. Der Vater, von dem es in mehreren Fassungen heißt, er sei Offizier, zieht den Revolver, erschießt das Dienstmädchen und verschwindet. Niemand will jemals wieder etwas von ihm gehört oder gesehen haben. Späteren Nachforschungen zufolge habe man das Drama aus einer besonderen Begebenheit, von der das Ehepaar nichts wußte, erklären können: Das Dienstmädchen sei nämlich eine kurz zuvor aus einer Irrenanstalt ausgerissene Psychotikerin gewesen. Es gibt andere Versionen der gleichen Geschichte, wie gesagt, die sich im Detail unterscheiden. Manchmal heißt es, der Ehemann sei Arzt gewesen und er sei gar nicht geflüchtet, sondern habe zuerst die Mörderin und dann sich selbst getötet. Andere wiederum behaupten, das Kind sei genau sechs Monate alt gewesen.

Dieses Gerücht ist gekennzeichnet durch Merkmale, die mit den Beobachtungen von Marie Bonaparte, die sie im Kontext mit der Entstehung moderner Mythen gemacht hat, übereinstimmen. Zunächst einmal wollen alle Personen, die die Geschichte weitererzählen, sie von Dritten erfahren haben, die ihrerseits mit den Protagonisten bestens bekannt seien. Mehrfach hat man mir versichert, der ganze Vorfall habe in den Zeitungen gestanden, obgleich niemand ihn darin selbst gelesen hatte. Und fast alle hielten die Tragödie, die sie erzählten, für wahr.

Die Geschichte erscheint nun allerdings so schrecklich und sonderbar, daß man einwenden könnte, die Behauptung, ihr latenter Inhalt entspräche unbewußten Phantasien, die wir alle haben, sei nicht aufrechtzuerhalten. Wenn sie zutreffen sollte, hätte das Gerücht in dieser oder ähnlicher Form weit häufiger auftauchen müssen. Untersuchen wir also, ob es noch andere Geschichten gibt, in denen ein Kind womöglich von den eigenen Eltern verspeist werden soll. In der klassischen Mythologie ist es die Geschichte des Tantalos, die diesem *«modernen Mythos»* am ähnlichsten ist.

Tantalos, König von Lydien und Schwiegersohn des Zeus, setzt den Göttern, um ihre Göttlichkeit auf die Probe zu stellen, den zerstückelten Körper von Pelops, seinem eigenen Sohn, zur Speise vor. Lediglich seine Gemahlin Ceres, die Göttin der Fruchtbarkeit, nimmt sich, blind vor Schmerz über den Verlust des Sohnes, ein Stückchen von der Schulter und ißt. Nachdem Zeus Pelops wieder zusammengesetzt und zum Leben erweckt hat, ersetzt Ceres, was sie gegessen hat, mit einer neuen Schulter aus Elfenbein. Zeus stürzt Tantalos in den Tartaros und verdammt ihn zu ewigen Hungersqualen und brennendem, nie zu stillendem Durst; er steht mitten in einem Fluß, dessen Wasser zurückweicht, sobald er versucht, zu trinken; über ihn beugt sich ein schwer mit Früchten behangener Baum, dessen Zweige wegschnellen, kaum daß er die Arme nach ihnen streckt.

Gibt es vergleichbare Märchen? In *Schneewittchen* schickt die böse Stiefmutter den Jäger mit der Stieftochter, der sie die größere Schönheit neidet, in den Wald, damit er sie töte und ihr ihr Herz bringe. Der Jäger jedoch ist gerührt von der Schönheit und Güte des Mädchens und tötet an ihrer Stelle ein Reh, schneidet das Herz heraus und trägt es zu der grausamen Königin. Die läßt es zubereiten und verspeist es in dem Glauben, sich das unversehrte Herzstück ihrer schönen Stieftochter einzuverleiben.

In *Hänsel und Gretel* läßt sich der Vater der beiden Kinder in seiner Not – er ist arm und kann sie nicht ernähren – von seiner Frau, der Stiefmutter, dazu überreden, sie in den Wald zu schicken und sie dort sich selbst zu überlassen. Die Kinder irren einsam und hungrig durch den Wald, bis sie an das Haus der Hexe geraten, das ganz und gar aus Süßigkeiten ist. In dem Augenblick, als sie eine der Dachschindeln anknabbern, werden sie ertappt. Die Hexe sperrt sie ein und mästet Hänsel in der Absicht, ihn zu töten und zu braten. Mit einer List gelingt es Gretel, ihren Bruder zu retten. Wieder eine Frau, die ein Kind töten will, um es zu fressen. Die Konstellation in *Hänsel und Gretel* bietet Parallelen zu dem Mythos vom gebratenen Kind.

Wie ist es in der Ethnologie? Ich wähle ein Beispiel aus der Mythologie einer Kultur, der der Bewohner der Marquesasinseln, die sich von der unsrigen wie der griechischen unterscheidet. Die gesamte Struktur ihrer Lebensgewohnheiten steht unter dem Einfluß von Frustrationen aus der frühen oralen Phase. Die Männer treiben Kannibalismus, die Frauen sind davon ausgeschlossen. Aus der Ernährungslage ergibt sich eine Besonderheit: Aufgrund der regelmäßig auftretenden, lang anhaltenden Dürreperioden, die die Bevölkerung vor ernsthafte Versorgungsschwierigkeiten stellen, werden Ansehen und Reichtum der einzelnen Stammesgemeinschaften daran gemessen, wieviel Eßbares sie bei ihren Festen aufzubieten haben. Andererseits stillen die Mütter ihre Kinder nicht und ernähren sie ohne Zuwendung und Zärtlichkeit, Ausdruck einer ungewöhnlichen Familienstruktur. Sie leiden mit einer gewissen Regelmäßigkeit an einem hysterischen Phänomen, der Scheinschwangerschaft. In diesem Zustand bleibt die Monatsblutung aus, die Frau nimmt zu und hält sich für schwanger. Setzt die Menstruation wieder ein, ist das, so heißt es, das Werk der wilden Frauen, der Vehinihai; ihr Geist ist der Frau in den Leib gefahren, um sich des ungeborenen Kindes zu bemächtigen und sich Nahrung zu verschaffen. Auch hier das Bild der bösen, der kinderfressenden Frau.

Ähnliches passiert im Traum einer jungen Lesbierin, die zu mir kam: Sie sieht vor sich einen Baum, in dessen Schatten mehrere kleine Schweinchen stehen. Sie schaut nach oben und entdeckt eine riesige *«Krebs-Spinne»*, wie sie sagte, die von der Spitze des Baumes herabhängt. Plötzlich läßt die Spinne sich an ihrem Faden herunter. Alle Schweinchen fliehen, bis auf eines, das wie gelähmt und fasziniert stehenbleibt. Die Spinne stürzt sich auf das Schweinchen und beginnt, es auszusaugen. Die Träumende beobachtet mit Schrecken, wie es dem armen Schweinchen nicht gelingen will, sich vor ihr zu schützen, und die rosa Farbe seiner Haut ganz blaß und weiß wird, weil die Spinne ihm alles Blut aus den Adern saugt. Hier sei eine Deutung vorausgeschickt: Die drei Schweinchen – wir kennen sie als die drei Brüderchen aus den Zeichnungen Walt Disneys – repräsentieren die Träumende und ihre beiden jüngeren Schwestern, die Spinne symbolisiert – wie oft in Träumen und in ethnologischen Quellen – die Mutter.

Die Analyse dieser Geschichten kann erklären, wie der Mythos vom gebratenen Kind entstehen konnte. Ein Motiv zieht sich wie ein roter Faden durch alle hindurch: Ein Kind soll verschlungen werden. Manchmal geschieht es ihm tatsächlich, ein anderes Mal wird die Hauptperson an ihrem perversen Vorhaben gehindert. Wen aber repräsentiert sie? Wer begeht das Verbrechen der Anthropophagie, der Menschenfresserei, bzw. versucht es? Oder anders gefragt: Wer ist der oder die Schuldige?

Im Mythos des Tantalos ist es der Vater, der seinen Sohn tötet, doch die einzige, die das Verbrechen vollendet und von der schrecklichen Mahlzeit ißt, ist Ceres, seine Mutter. In *Schneewittchen* läßt die Stiefmutter die Prinzessin töten, um ihr Herz zu essen. In *Hänsel und Gretel* erscheint die Situation dadurch etwas verdeckter, als die Stiefmutter zunächst ihr eigenes Problem ins Spiel bringt, um an ihr Ziel zu gelangen. Erst die Armut und ihre Unmöglichkeit, die Kinder zu ernähren, führen dazu, daß sie sie der Gefahr aussetzt, von der Hexe gefressen zu werden. Und dennoch repräsentiert die Stiefmutter das Bild der bösen Mutter, die sich weigert, ihre Kinder zu ernähren. Im Mythos, der auf den Marquesasinseln geglaubt wird, lassen die Vehinihai, die wilden Frauen, den Fötus aus dem Uterus der Mutter verschwinden oder fressen das neugeborene Kind auf.

Freud hat gezeigt, daß unser Unbewußtes dem grausamen und unerbittlichen Gesetz der Talion folgt: «*Aug' um Aug', Zahn um Zahn*». Das heißt, daß wir selbst als Strafe immer genau das erwarten, was wir dem anderen zugefügt hätten, sei es in Wirklichkeit oder in unserer Phantasie. Das Verbrechen der Vehinihai stimmt genau mit dem überein, was Kinder beiderlei Geschlechts in ihren unbewußten Phantasien aus Eifersucht der schwangeren Mutter bzw. ihren jüngeren Geschwistern antun, die sie am liebsten beiseite schafften und töteten.

Entsprechend hat das Mädchen Angst, wenn es groß ist und selbst ein Kind erwartet; es fürchtet sich vor der Rache der Mutter, die in ihrer Phantasie zur wilden Frau wird, die Kinder stiehlt und frißt.

Die Deutung des Traumes von der Spinne und den drei Schweinchen habe ich schon gegeben: Die Spinne symbolisiert die böse Mutter, die drei kleinen Schweinchen repräsentieren die Träumende als Kind und ihre beiden kleineren Schwestern. Während die junge Frau im Traum die tragische Szene beobachtet, identifiziert sie sich mit dem Schweinchen, das der Spinne zum Opfer fällt. Sie träumt also, daß ihre Mutter sie tötet, indem sie ihr das Blut aussaugt.

Das gesamte Material läßt sich annähernd auf eine gleich gestaltete Situation zurückführen. Im Mythos des Tantalos ist zwar der Vater für das Verbrechen verantwortlich, vollendet wird es jedoch von der Mutter. In den beiden Märchen geht die Planung des Verbrechens auf die jeweilige böse Repräsentantin der Mutter (die Stiefmutter, die Hexe) zurück. Im Traum ist die Mutter ein Vampir, der ihre Tochter tötet.[3] Im Mythos der Vehinihai schließlich verschlingt die wilde Frau, schreckenerregende Mutterimago, die Kinder ihrer Tochter. Obgleich die Tragödie in die nächste Generation verschoben scheint, bleibt die psychologische Situation jedoch dieselbe wie im übrigen Material; die junge Mutter identifiziert sich mit ihrem Kind und betrachtet es als einen Teil ihrer selbst, ihr eigen Fleisch und Blut.

In dem Gerücht, das in Buenos Aires kursierte, ist es das Dienstmädchen, die das Kind ihrer Hausherrin tötet. Die gleiche Konstellation wie im Mythos der Vehinihai scheint durch. Das Dienstmädchen repräsentiert das Bild der bösen Mutter. Wenn das so ist, welche Motive kann es dafür geben, daß das Dienstmädchen unbewußt die Rolle der Mutter besetzt? Es sind unterschiedliche; ich beziehe mich im folgenden auf die Probleme, die mir in meiner psychoanalytischen Praxis mit Frauen immer wieder begegnet sind: permanente Klagen und Auseinandersetzungen mit den Dienstmädchen. Die Arbeit des Dienstmädchens ähnelt der der Hausfrau: Beide sorgen für das leibliche und seelische Wohl der Kinder und für die Ordnung im Hause. Im Gegensatz zur Hausherrin ist das Dienstmädchen aber nicht nur von ihr abhängig, sondern ist Angehörige einer sozial niederen Klasse. Das mobilisiert alte, kindliche Rachephantasien und Wünsche, die Rollen zu vertauschen. Eine Phantasie, die das kleine Kind der Mutter gegenüber oft so ausdrückt: *«Du wirst schon sehen, was du davon hast, wenn ich einmal groß bin und du bist klein!»* Alles, was das Mädchen unter der Abhängigkeit von der Mutter und dem Zwang, gehorsam zu sein, erlitten hat, kann es jetzt an das Dienstmädchen weitergeben. Jede Kritik, die es vor der Mutter zurückgehalten und verdrängt hat, kann es, wenn auch spät, endlich und direkt an das Dienstmädchen weitergeben und an ihr abreagieren. An ihr kann es sich für alle Frustrationen der Kindheit rächen.[4]

Der verdrängte Haß, den die erwachsene Frau der eigenen Mutter gegenüber nie zu zeigen wagte, trifft das Dienstmädchen. Aufgrund eben dieses Hasses fürchtet sie sie und traut ihr alles Böse zu. Viele Frauen fühlen sich stets und ständig von der Hausangestellten hintergangen; sie sind überzeugt, daß sie stiehlt und hinter ihrem Rücken Mann und Kinder verführt. Eine der Ursachen für die Leichtgläubigkeit, mit der die Geschichte vom gebratenen Kind aufgenommen wurde, ergibt sich aus dieser unbewußten Konfliktsituation, in der sich Hausherrin und Hausangestellte gegenüberstehen. All diesen Überlegungen nach scheinen wir es also durchweg mit abgewandelten Erscheinungsformen ein und derselben Situation zu tun zu haben, in der Sohn oder Tochter einer verbrecherischen Mutter zum Opfer fallen.

Wer die Geschichte hört und von ihr beunruhigt wird, identifiziert sich mit dem Kind – dem unschuldigen Opfer der bösen Dienstmädchen-Mutter – und ist voller Sympathie für die junge Mutter, in die das bewußte und gute Bild der eigenen Mutter projiziert wird. Ich habe bereits erklärt, wie verdrängte kindliche Eifersuchtsgefühle dazu führen können, daß einem Muttterersatz der seltsame Wunsch unterstellt wird, das anvertraute Kind zu verschlingen. Dahinter liegt aber noch eine tiefsitzende Angst: Wer an die kannibalischen Wünsche der Mutter glaubt und sich mit dem Opfer identifiziert, fürchtet gemäß dem Gesetz des Talion, die böse Mutter könne einem genau das zufügen, was man ihr in frühester Kindheit am liebsten angetan hätte. Man schreibt ihr die eigenen perversen Wünsche zu, um bei der Mutter das zu verurteilen, was man als Vorwurf gegen sich selbst nicht zulassen kann. Wir werden also zunächst beweisen müssen, daß im Falle der Geschichte vom gebratenen Kind das ursprüngliche Verbrechen in dem Wunsch besteht, die Mutter zu verschlingen, und daß der eigentliche Übeltäter im augenscheinlichen Opfer, nämlich im Kind selbst, zu suchen ist. Kommen wir nochmal auf die anderen Mythen zurück:

Die Strafe des Tantalos ist sein ewiger Durst und der quälende Anblick fruchtbehangener Äste, die sich ihm entziehen, sobald er die Hand nach ihnen ausstreckt. Die Frucht ist Symbol für die weibliche Brust. Die Art der Strafe läßt darauf schließen, daß Tantalos' ursprüngliches Vergehen in der Unmäßigkeit seines Hungers liegt. Im Mythos erscheint diese Situation in ihr Gegenteil verkehrt: Nicht Tantalos ist es, der sich die Mutter einverleiben möchte, sondern Ceres, die Mutter seines Sohnes, Repräsentant der eigenen Kindheit, verschlingt ihr Kind.

Schneewittchen fällt wie tot um, nachdem sie in den vergifteten Apfel gebissen hatte, den ihr die Stiefmutter geschenkt hat. Sie wird für ihre Gefräßigkeit bestraft, für den Versuch, sich die Brust der feindseligen Mutter einzuverleiben.

Hänsel und Gretel werden wegen ihrer Unersättlichkeit – es gab nichts mehr zu essen – von zu Hause verstoßen. Die Hexe bestraft sie, als sie die beiden dabei ertappt, wie sie einen Ziegel ihres Haus verzehren. Das Haus ist ein immer wiederkehrendes Symbol für die Mutter.

Im Mythos der Vehinihai kommt dieser Hunger eines bestraften Kindes nicht vor. Wir wissen allerdings, daß die Mütter auf den Marquesasinseln ihren Kindern die Brust verweigern und sie lieblos ernähren. So rufen sie in ihren Kindern kannibalische Wünsche und Rachegelüste hervor, die später an den besiegten Feinden befriedigt werden.

In der psychoanalytischen Behandlung der jungen Lesbierin schließlich, deren Traum ich wiedergab, traten nach und nach agressiv besetzte Wünsche an den Tag, die sie ihrer Mutter gegenüber hatte.

Aufgrund der Ähnlichkeit, die diese Konstellationen haben, können wir den Schluß wagen, daß auch im Mythos vom gebratenen Kind das eigentliche Vergehen der aggressive Hunger des Kindes ist, der in dem Maße wächst, wie das Kind von der Mutter allein gelassen wird. Die Tragödie nimmt ihren Lauf, sobald sie mit dem Vater das Haus verläßt.

Demnach wäre der Grund für das Verbrechen stets im Kind selbst zu suchen, und sein Schuldgefühl wäre dafür verantwortlich, daß es später in seinem Inneren das verdrängte Bild der Hexen-Mutter trägt, die böse und kannibalische Wünsche hegt. Wenn dieses Mutterbild bis ins Erwachsenenalter bestehen bleibt, äußert es sich später zum Beispiel in der naiven Leichtgläubigkeit, mit der das Gerücht vom gebratenen Kind für bare Münze genommen wird. Wir alle haben als Kinder eine Phase durchlebt, in der wir kannibalische Wünsche hatten, die der Brust der Mutter galten. Abraham hat als erster festgestellt, daß beim Säugling mit den ersten Zähnen, d. h. im Alter von ungefähr sechs Monaten, erste sadistische Wünsche und Phantasien entstehen, in die Brust der Mutter zu beißen und an ihr zu kauen, ein Wunsch, der sich mit zärtlichsten Neigungen verbindet. Das erklärt, warum das Kind in einer Version des Mythos vom gebratenen Kind genau sechs Monate alt ist.

Wenn ein Kind Nahrung, sei es Muttermilch, Brei oder anderes zu sich nimmt, hat es dabei die Vorstellung, die Mutter zu verschlingen, und das ist von ambivalenter Bedeutung. Es verleibt sich die Mutter ein – aus Liebe. Gleichzeitig zerstört es sie mit den Zähnen, weil es sie haßt und fürchtet und seine eigenen Aggressionen auf sie überträgt. Diese Aggressionen wachsen mit jeder schmerzlichen Erfahrung des Kindes und den von der Mutter verursachten Frustrationen. Das Kleinkind projiziert seinen Hunger auf die Mutter und erlebt ihn so, als ob diese es von innen fressen und zerstören würde: als mutwilligen und aggressiven Akt der Mutter und als Strafe für die eigene Unersättlichkeit. Deshalb repräsentiert das Dienstmädchen, die den Eltern den Säugling zum Mahl vorsetzt, die Mutter, die den eigenen Hunger mit dem Fleisch ihres Kindes stillen möchte, anstatt ihm die Brust zu geben.

Bislang haben wir uns ausschließlich mit der Mutter-Kind-Beziehung in der oralen Phase beschäftigt. Doch auch der Vater betritt die Bühne. Die Protagonisten dieses Dramas sind: der Vater, in der einen Version ein Arzt, in der anderen ein Offizier, die Mutter und das Dienstmädchen. Die Berufe, die der Vater angeblich ausüben soll, sind, glaube ich, nicht zufällig, sondern sie korrespondieren mit der im Mythos ausgedrückten inneren Situation. Ein Offizier ist eine bedeutende, mit Autorität ausgestattete Persönlichkeit und entspricht dem Bild, das das kleine Mädchen sich von seinem Vater macht, dem eines Präsidenten oder gar eines Königs vergleichbar. Der Arzt ist der Mann, vor dem es weder sexuelle Geheimnisse noch Verbote gibt. Er weiß alles und ist autorisiert, die intimen Bereiche unseres Körpers zu untersuchen. Er bekommt die Rolle, die der Vater in der sexuellen Beziehung zur Mutter hat. Betrachten wir die Situation des Mädchens angesichts dieser Beziehung: In einem bestimmten Alter verliebt es sich in seinen Vater und möchte die Stelle der Mutter einnehmen. Es ist rasend eifersüchtig, haßt sie und möchte sie am liebsten umbringen. Ein Grund mehr, die Rache der Mutter zu fürchten und sie böse zu finden. Wenn dann noch Geschwister zur Welt kommen, fühlt sich das Mädchen von den Eltern verraten und richtet seinen Haß und seine Eifersucht auf den Neuankömmling.[5] Sie wird überempfindlich, fühlt sich zurückgesetzt und als Aschenputtel behandelt.

Wir haben für die orale Ebene analysiert, wie und warum das Dienstmädchen die böse Mutter repräsentiert, auf die das Mädchen seine eigenen kannibalischen Wünsche projiziert. Auf ödipalem Niveau bedeutet die Rolle des Dienstmädchens etwas anderes, sie wird das eifersüchtige, in den Vater verliebte Mädchen. Ihre Rivalität mit der Mutter tritt am deutlichsten in jener Version des Mythos zutage, in der das Dienstmädchen das Hochzeitskleid der jungen Frau trägt; so setzt sie sich unmittelbar an die Stelle der Mutter und damit an die Seite des Vaters. Das Mädchen ist auf das Sexualleben ihrer Eltern eifersüchtig. Das Unheil geschieht, als das Paar das Dienstmädchen allein zurückläßt, um gemeinsam auszugehen. Hinzu kommt, daß das Dienstmädchen vor der Geburt des Kindes eingestellt wurde; das bedeutet, nach der Geburt des Kindes wird die einzige Tochter gewissermaßen zur älteren Schwester und von ihrem Brüderchen aus ihrer Stellung verdrängt. Sie regrediert in die orale Phase und rächt sich, indem sie den Säugling tötet, um ihn den Eltern als Mahl vorzubereiten. Damit will sie verhindern, daß das Baby weiterhin mit Einverständnis des geliebten Vaters von der Brust der Mutter trinkt. Das Dienstmädchen muß dafür bestraft werden. In der einen Version des Mythos erschlägt der Vater das Dienstmädchen, in einer anderen erschießt er sie. Beide Strafen symbolisieren auf einer regressiven, masochistischen Ebene den Koitus zwischen ihr und dem Vater. Das Verdrängte, die verbotene und verweigerte Sexualität, kehrt erneut ins Bewußtsein, wenn auch verdeckt und schmerzhaft. Allerdings nur für einen Augenblick, denn der Vater verschwindet bzw. nimmt sich das Leben, die Mutter verliert die Sprache, das symbolisiert den Tod. Mit anderen Worten, das Mädchen-Dienstmädchen erleidet die schwerste Strafe, die ein Kind sich überhaupt vorstellen kann: Sie wird von ihrem Vater und ihrer Mutter verlassen, weil sie ein Verbrechen aus Eifersucht begangen hat.

Marie Bonaparte kommt zu dem Ergebnis, daß die von ihr untersuchten modernen Mythen Reaktionen auf eine aktuelle angsterzeugende Situation – den Zweiten Weltkrieg – sind, die ihrerseits mit einer allgemeinen psychischen Konstellation korrespondieren, die viele Menschen miteinander teilen. Als ich den Mythos vom gebratenen Kind zum ersten Mal veröffentlichte,[6] wollte ich ausschließlich seinen unbewußten und zeitlosen Inhalt analysieren, um zu beweisen, daß er mit einer uns allen gemeinsamen psychologischen Situation einhergeht und nur deshalb für wahr gehalten wurde, weil es gelungen war – aufgrund der verschiedenen Identifikationsmöglichkeiten, die dieser Mythos bot –, diese spezifische Konstellation mit ihrem psychologischen Gehalt zu begreifen. Ich ließ die von Marie Bonaparte aufgeworfene Frage, ob die politische Situation möglicherweise zu seiner Entstehung beigetragen hatte, völlig außer acht. Meine Gründe lagen auf der Hand, eine solche Analyse hätte eine Veröffentlichung des Mythos zu jenem Zeitpunkt – unter der Diktatur Peróns – völlig unmöglich gemacht. Nachdem sich die politische Situation mittlerweile geändert hat, möchte ich meine damalige Analyse ergänzen. Zu diesem Zweck möchte ich noch zwei weitere Mythen vorstellen. Es sind Geschichten, die in diesen Kontext gehören, weil sie auch unter der Dikatatur Peróns, etwa zur gleichen Zeit wie der Mythos vom gebratenen Kind, erzählt und weitererzählt wurden – auch wenn es Leute gab, die mir versicherten, sie schon lange vorher und auch außerhalb Argentiniens gehört zu haben. Sie waren zwar weniger bekannt, weniger ausgefeilt, aber genauso unheimlich und dunkel.

Die erste Geschichte könnte überschrieben sein: *Und keines der Kinder kam davon*. Es ist eine schauerliche, groteske Geschichte, die viele ohne weiteres für bare Münze genommen haben, obgleich sie völlig unwahrscheinlich ist: Eine Mutter ist dabei, ihr wenige Monate altes Kind zu baden. Plötzlich hört sie aus dem Nebenzimmer, in dem ihre beiden anderen Kinder ruhig gespielt haben, einen fürchterlichen Schmerzensschrei. Sie läßt den Säugling los, um in das Zimmer nebenan zu eilen; dort bietet sich ihr ein grauenhafter Anblick. Die Tochter hat dem Bruder mit der Schere, die sie in einem unbewachten Augenblick der Mutter entwendet hatte, den Penis abgeschnitten. Das Kind blutet heftig. Die Mutter, halb verrückt vor Schreck, packt den Jungen und rennt zur Garage.

Wenn er gerettet werden soll, muß sie so schnell wie möglich zum Arzt. Sie steigt ins Auto, legt den Rückwärtsgang ein und fährt los. Ein Schrei. Sie hat ihre kleine Tochter überfahren, die sich aus Angst vor der Strafe für das, was sie ihrem Bruder angetan hatte, hinter dem Auto versteckt hatte – es scheint sich, schon nach der Begebenheit mit der Schere zu schließen, um eine etwas zerstreute Mutter zu handeln. Während die Mutter sich über das Mädchen beugt, verblutet der Sohn. Sie trägt ihre sterbende Tochter in die Wohnung und entdeckt ihr ertrunkenes Baby. Keines ist davongekommen.

Wenn ich diese Geschichte in meiner früheren Arbeit nicht erwähnt habe, so deshalb, weil ich sie schockierend und geschmacklos fand. Trotzdem verdient auch sie die Bezeichnung Mythos; sie wurde wie ein Gerücht verbreitet, korrespondiert mit einer bestimmten, inneren wie äußeren, psychologischen Situation, wie wir nachher noch sehen werden. Deshalb wurde dieser Mythos auch von vielen für wahr gehalten, er entsprach unseren unbewußten Phantasien.

Die andere Geschichte ist zwar auch unheimlich, aber reizvoller: Ein junger adliger Mann geht in einen Nachtclub. Er lernt eine bezaubernde Frau kennen. Sie tanzen zusammen, verlieben sich, verlassen schließlich das Lokal und schlendern durch die einsamen, nächtlichen Straßen. Ihr ist kalt, und sie läßt es zu, daß er ihr seinen Mantel um die Schultern legt. Er küßt sie, und sie scheint sich ihm hinzugeben. Plötzlich macht sie sich los und rennt weg. Er läuft ihr nach, schafft es aber nicht, sie einzuholen. Sie erreichen so den Adligenfriedhof von Buenos Aires, die *«Recoleta»*, plötzlich ist sie hinter einer verschlossenen Pforte verschwunden. Er weiß nicht, wie ihm geschieht; er ruft nach ihr und schlägt mit den Fäusten an das Tor, bis schließlich der Nachtwächter öffnet und ihn einläßt. Er hat niemanden gesehen und glaubt, der junge Herr habe wohl ein wenig zu tief ins Glas geschaut.

Doch der eilt an ihm vorbei und verliert sich im Inneren des Friedhofs. Er sucht seine Geliebte und findet schließlich auf einer Grabplatte liegend seinen Mantel. Er bückt sich, ihn aufzunehmen, sein Blick fällt auf die Inschrift des Grabsteins, die Haare stehen ihm zu Berge: Da steht der Name seiner Geliebten. In einer der erzählten Versionen verliert er den Verstand, in einer anderen begeht er Selbstmord.

Worin unterscheiden sich die drei Mythen? Hauptsächlich in der jeweiligen Ebene, auf der ihr Inhalt angelegt ist. Der Mythos vom gebratenen Kind entspricht der oralen Phase, auch wenn die ödipale, d. h. die genitale bereits angesprochen ist. Die zwei anderen sind eindeutig genital, die genitale Handlung endet jeweils in der Kastration: Die kleine Schwester schneidet dem Jungen den Penis ab, weil er in ihrem Beisein sein Geschlechtsteil berührt hat, der junge Mann wird bestraft, als er versucht, die schöne Unbekannte zu verführen; er wird in den Wahnsinn bzw. den Tod getrieben; beides steht für die Kastration.

Die drei Mythen sind sich auch ähnlich. Zunächst ihrer Form nach. Sie sind unheimlich, haben eine einfache dramatische Struktur und werden im Telegrammstil erzählt. Sie rühren an tabuisierte Themen, die Angst machen und verraten damit, daß sie unter Druck und jeglichem Widerstand trotzend aus dem Unbewußten hervorbrechen. In ihrer Form drückt sich der Konflikt zwischen Trieb und Vernunft, zwischen Phantasie und Realität aus; er verursacht in uns diese Mischung aus Anziehung und Abwehr – *«Das ist doch alles Unfug»* –, mit dieser ambivalenten Haltung reagieren wir. Es gibt eine wichtige inhaltliche Ähnlichkeit. Die zentrale Figur in den Geschichten ist eine Frau: Das Dienstmädchen, die erst so gut erschien und sich dann so bösartig entpuppt. Die Mutter ist gewissenhaft und besorgt, d. h. gut, allerdings ein bißchen zerstreut und unachtsam. In einer Version heißt es, das Mädchen habe ihrem Bruder gegenüber eine Drohung wahrgemacht, die sie oft aus dem Munde ihrer Mutter gehört hätte: *«Spiel nicht mit dem Schwänzchen, sonst muß ich es abschneiden»*. In der dritten Geschichte ist die junge Frau schön, d. h. gut, allerdings kalt. Sie treibt den, der sich ihr nähert, in den Wahnsinn. In allen drei Mythen verwandelt sich eine gütige bzw. mütterliche Frau plötzlich zu einer schreckenerregenden Gestalt – das macht sie so unheimlich –, in die Gestalt der kastrierenden und verfolgenden Mutter. Dieses Bild ist in unseren unbewußten Phantasien lebendig.

Welchen Zusammenhang gibt es zwischen dem Auftauchen dieser Mythen und der politischen Situation? Früher habe ich den Bezug bezweifelt, das hat in der Psychoanalytischen Vereinigung, wo ich zum ersten Mal meine Analyse des Mythos vom gebratenen Kind vortrug, eine hitzige Debatte hervorgerufen. Man hielt mir entgegen, die angstauslösende Situation, die bei der Entstehung wie der Verbreitung des Mythos eine Rolle gespielt haben müsse, sei unverkennbar:[7] die Diktatur Peróns und die Herrschaft Evitas, der allmächtigen und despotischen Mutter, die alle beherrschte. Eva Perón sei das Dienstmädchen, die scheinbar gute und bescheidene Mutter aus der Unterschicht, doch in Wirklichkeit pervers, gefährlich und gefürchtet. Und der Mythos vom gebratenen Kind mußte entstehen, weil es zu gefährlich war, sie zu kritisieren. Er drücke u. a. auch aus, daß das Kind für das Land Argentinien stehe, vom dem sich Eva Perón verletzt und mißachtet fühlte, und daß sie sich an ihm zu rächen wisse. Die Eltern, im Mythos Leute aus gutem Hause, repräsentierten die von ihr gehaßte Oberklasse. Wegen der starken Repression bliebe den Menschen die Zuflucht in ihre Phantasietätigkeit, um ein Ventil für ihre Meinungen, Ängste und ihre Kritik zu finden. Wir haben damals die Diskussion um den Mythos abgebrochen.

Im folgenden werde ich versuchen, daran anzuknüpfen, aber vorher werde ich die Grenzen abstecken. Ich mache weder eine politische Analyse von Evitas Herrschaft noch eine psychoanalytische Deutung ihrer Persönlichkeitsstruktur; ersteres nicht, weil im Augenblick die Auseinandersetzung mit ihr in Argentinien eher auf der affektiven als auf der politischen Ebene stattfindet, und letzteres nicht, weil mir dafür die notwendigen Daten fehlen. Was ich zeigen will, ist, daß sich die Herkunft dieser beängstigenden Bilder und Phantasien, die die drei Mythen wiedergeben, aus den Projektionen der Bevölkerung erklären läßt. Evita Perón hat sich aufgrund ihrer Rolle besonders gut zur Projektionsfigur geeignet.

Es hat von Eva Peròn zwei Bilder gegeben, Evita, die Angebetete der peronistischen Massen, und Eva, die Frau mit der Peitsche,[8] das Bild der Reichen. Es waren zwei klar und deutlich abgegrenzte Lager, die einander gegenüberstanden und die beide das jeweils andere Bild dieser Frau auf ihrer Fahne trugen. Doch das waren die bewußten Bilder. Das unbewußte, doppelgesichtige Bild kommt erst in jenen Mythen zum Vorschein, die nicht dem einen oder anderen Lager zuzuordnen, sondern allen Argentiniern und Argentinierinnen gemeinsam waren: Die sogenannten Leute aus gutem Haus teilten sie mit ihren Dienstmädchen, die Taxifahrer erzählten sie ihren Fahrgästen weiter usw.. Ihr Bild konnte sich nur deswegen darin entfalten, weil weder ihre Freunde geschweige denn ihre Feinde sich der Tatsache bewußt waren, daß sie von ihr sprachen, wenn sie die Mythen erzählten. Es ist nicht verwunderlich, daß sie für ihre Gegner das perverse Dienstmädchen, die mörderische Mutter und die tödliche Geliebte verkörperte. Wie war es aber möglich, daß sie auch für ihre Bewunderer diese Frauengestalten repräsentierte? Ich denke, gerade weil sie sie idealisiert haben. Diese starke Idealisierung führte dazu, daß ihre Anhänger, wenngleich unbewußt, sie mit unheimlichen Zügen austatteten: Gerade das Unheimliche führt zu Idealisierungen. Auf diese Weise entstand ein Teufelskreis. Je furchterregender Eva Perón auf ihre Anhänger wirkte, desto mehr waren sie gezwungen, sie zu idealisieren, um das Bild, das sie von ihr hatten, aufrechtzuerhalten.[9] Währenddessen reagierten ihre Feinde auf die ständig wachsende Idealisierung, indem sie sie immer schrecklicherer Dinge beschuldigten. Für die einen war Eva eine Heilige, für die anderen der leibhaftige Teufel, für die einen verkörperte sie das Gute, für die anderen das Böse schlechthin. Aber alle hatten zwei widersprüchliche Bilder von Evita in sich: die einen projizierten das gute Bild nach außen und verdrängten das böse, die anderen taten das genaue Gegenteil. So kristallisierten sich zwei einander gänzlich zuwiderlaufende Bilder heraus, die von jeweils einer der gegnerischen Parteien in Anspruch genommen wurden.

Am Anfang ihrer Herrschaft waren beide Bilder noch nicht so prägend. Als Eva Perón ihren ersten Auftritt auf der politischen Bühne hatte, wurde sie von ihren Gegnern unterschätzt. Sie richteten ihr Augenmerk auf ihre Lockenwickler, auf den übertriebenen Luxus, auf ihre niedrige Bildung und machten sich über sie lustig. Sie war die sinnliche Frau, der man eine zweifelhafte Vergangenheit nachsagte, eine frivole Person, und sie würde sicher eine schlechte Mutter werden. Die Peronisten warfen ihr den Luxus, mit dem sie sich umgab, nicht vor. Sie genossen ihn vielmehr mit ihr, denn sie war ja eine von ihnen, eine Frau aus dem Volk. Evita war das Aschenputtel, das den Prinzen geheiratet hatte, Perón der arme Jüngling, der die Prinzessin für sich erobert hatte und König wurde. Mit Evita wurde ein Märchen wahr. Während die Antiperonisten in ihr den Eindringling sahen, der drauf und dran war, ihnen ihr angestammtes Erbe streitig zu machen, identifizierten sich die peronistischen Massen mit ihr und freuten sich an dem, was sie erreicht hatte.

Nach und nach begann sich ihr Bild zu wandeln. Aus dem Aschenputtel, dem hilflosen und schüchternen Geschöpf, das seine Befreiung dem Prinzen verdankte, wurde eine andere, eine einflußreiche Gestalt. Sie verwandelte sich in einen zweiten Har'un Al Rasch'id, der sich unter das Volk mischte, um dessen Wünsche auszukundschaften und in Erfüllung gehen zu lassen. Sie war Robin Hood in Frauengestalt, der die Reichen bestahl, um ihren Reichtum an die Armen zu verteilen. Ich weiß nicht, wieviel sie tatsächlich den Armen und Obdachlosen gegeben, wieviel sie ausgeteilt hat. Sie weckte in ihnen die Hoffnung, daß jeder Argentinier, jede Argentinierin sich jederzeit an sie wenden könnte, wenn sie es brauchten. Ein Wort sollte genügen, um ein Dach über dem Kopf, eine Behandlung bei einem Arzt, eine Nähmaschine oder eine Puppe zu bekommen. Sie war Har'un Al Rasch'id, aber ein weiblicher. D. h. für das Unbewußte war sie die nie versiegende Mutterbrust, die sich nie verweigerte, die idealisierte Brust. Während ihre Anhänger in ihr die Brust, die unablässig gibt, sahen, empfanden ihre Gegner sie als unersättlichen Mund, der ausschließlich aussaugt und verschlingt. Sie kompensierten ihren Haß und ihre Angst, indem sie politische und schlüpfrige Witze über sie in Umlauf brachten, Witze, wie sie immer unter dem Druck von Diktaturen entstehen.

Dann folgt der offizielle Mythos: Eva Perón schreibt ihre Geschichte auf.[10] Es sei dahingestellt, ob sie dabei die Feder selbst geführt oder nur ihren Segen dazu gegeben hat. Wichtig ist, daß sie darin das Bild der Eva, der idealen Mutter, schuf, einer Mutter, die voll Bewunderung und Liebe zu Perón, dem Vater, aufschaut. In ihrem Buch verspricht sie dem Volk, daß sie sich nie mit ihm, dem *«Führer»*, streiten werde, um es nicht zu beunruhigen, im Gegensatz zu den meisten Eltern, die ihre Kinder mit ihren Streitereien ängstigen. Sie erklärt, daß sie auf eigene Kinder nicht zu verzichten braucht, weil jeder ihr Kind sei und sie sich als die Mutter aller fühlte.[11] Sie werde sich niemals zwischen sie – die Kinder – und den Vater stellen. Obwohl sie Perón leidenschaftlich liebt, werde sie alles tun, um jene quälende Eifersucht auszuschließen, die entsteht, wenn Kinder ihre sexuell vereinigten Eltern sehen und darunter leiden. Wenn sie sich Perón, der sie alle liebt, nähert, dann nur, um ihm die Kinder durch ihre Worte näherzubringen.

Damit hat sich Eva für die peronistischen Massen in die vollkommene, asexuelle Mutter verwandelt. Ihre körperliche Erscheinung änderte sich. Aus der ein wenig rundlichen, rosigen, attraktiven Frau mit lockigem Haar und schönen Kleidern wurde die «erste Arbeiterin des Landes». Schmal, abgespannt, das Haar streng im Nacken zusammengebunden und altmodisch in Zöpfen hochgesteckt, kleidete sie sich jetzt, von einigen Ausnahmen abgesehen, schlicht und bescheiden. Sie war nicht mehr das Aschenputtel auf dem Fest, das alle Anwesenden im Saal mit seiner Erscheinung blendet und dem Prinzen den Kopf verdreht.

Die Züge eines Har'un Al Rasch'id oder eines Robin Hood verschmolzen zu einer Gestalt, die auch Teil ihrer eigenen Jugendträume war: die *«dama de la esperanza»*, die *«Frau der guten Hoffnung»*, die mit ihrem Opfer das Volk erlöst. Um diese Aufgabe und Rolle zu erfüllen, mußte sie asexuell werden. Die Opposition begleitete diese Entwicklung mit Witzen und Gerüchten – aber jetzt unter anderen Vorzeichen. Man erzählte sich, daß Eva und ihr Mann kein Geschlechtsleben hätten, weil sie frigide oder er impotent sei, man warf ihr Untreue und ein verschwenderisches Leben vor. Obwohl Eva damals noch gesund war, wurde das Gerücht verbreitet, sie leide an einer schweren Krankheit, sie habe Krebs. Ähnliches gab es auch unter Hitler und Mussolini: Der ohnmächtige Wunsch nach dem Tod des Tyrannen ließ Gerüchte aufkommen, die sich verbreiteten, als würde es sich um Tatsachen handeln, als sei das Erzählen des Gerüchts einer magischen Beschwörung gleich, als solches schon im Stande, den Gehaßten krank zu machen.

Eva Perón sah sich gezwungen, auf die Vizepräsidentenschaft zu verzichten. Ein Ziel, für das sie sich hätte einsetzen können, war ihr genommen. Sie büßte ihre ganze Widerstandskraft ein, und jetzt änderte sich das Bild von ihr noch einmal. Anzeichen einer Krankheit verdichteten sich. Sie wurde Märtyrerin, Heilige, die verstorbene, angebetete, unvergeßliche und unberührbare Mutter. Als ihre Gegner erfuhren, wie bedrohlich ihr Zustand in der Tat war, nahmen sie es mit Genugtuung auf. Hinter dieser Freude verbarg sich auch Angst.[12] Da Eva Perón auch für sie das Bild der Mutter repräsentierte – wenn auch das der bösen und verfolgenden –, konnten sie die Erfüllung ihrer haßerfüllten Wünsche nicht ohne Schuldgefühle oder Angst vor Bestrafung herbeisehnen. Da sie wirklich krank war, schien es ihnen, als sei es ihnen gelungen, ihre Wünsche auf magische Weise zu erfüllen.[13] Sie flohen in zwei Haltungen, mit denen sie ihrer Angst zu begegnen suchten. Die einen leugneten ihre Krankheit, und damit sollte die eigene Schuld geleugnet werden. Wieder kursierten Gerüchte, es wurde behauptet, ihre Krankheit sei ein geschicktes Täuschungsmanöver, das man mit Blick auf die Wahlen inszeniert habe. Man wolle das Volk von den Problemen ablenken, die die Peronisten verschuldet hätten. Die anderen glaubten, daß sie krank war und betonten ihre Bösartigkeit wie nie zuvor. Auch sie versuchten, ihre Schuldgefühle zu leugnen, indem sie ihren Haß auf jede nur erdenkliche Weise rechtfertigten.

Und wieder entstand ein Gerücht. Unter den Müttern des Nordviertels von Buenos Aires – ein absolut antiperonistisches Viertel – warnte man sich gegenseitig davor, die Kinder in Krankenhäuser oder Ambulanzen zu bringen. Das sei gefährlich: Eva brauche, um gesund zu werden, frisches junges Blut, und so habe sie befohlen, daß man ihr das Blut der Kinder zum Trinken gäbe. In diesem Gerücht taucht eine Phantasie auf, die wir aus der Analyse vom Mythos des gebratenen Kindes kennen. Eine alte Phantasie, die in Vampirgeschichten, Erzählungen um Dracula und in Ritualmordprozessen zu finden ist. Sie kommt auch immer wieder in den Vorurteilen gegen die Juden im Laufe der langen Geschichte ihrer Verfolgung vor, weil sich auf sie wie auf Evita die Projektionen archaischer Phantasien richten, obgleich sie andere Eigenschaften haben als Eva.

Warum aber entsteht diese Phantasie genau in dem Augenblick wieder, als Eva Perón krank wird? Solange sie gesund und aktiv war, war sie den Massen wie eine ideale, unerschöpfliche Brust vorgekommen. Jetzt war sie schmal geworden, ihr Gesicht war eingefallen,[14] sie litt, wie die einen sagten, an Leukämie, andere wiederum sprachen von Krebs. Das Volk fühlte sich schuldig, weil es glaubte, es habe sie in seiner Gefräßigkeit ausgezehrt. Aus einer nie versiegenden, unermeßlich reichen Brust haben sie ein ausgelaugtes, erbarmungswürdiges Etwas gemacht. Sie hatten ihre roten Blutkörperchen aufgesogen, sie waren ihr Krebs. Sie fühlten sich wie Vampire, wie Dracula. Die alte Schuld war in ihnen wieder wach geworden, die sie als Kinder der Mutter gegenüber hatten, wenn sie sie in ihren unbewußten Phantasien auspumpten und zerstörten. Um sich vor der Schuld und dem drohenden Verlust zu retten, baten sie Gott inständig, Evita wieder genesen zu lassen. Die anderen, die Oppositionellen, hatten ähnliche Schuldgefühle. Aber während die Peronisten sie offen zugaben – «*Wir haben sie für uns zu hart arbeiten lassen, deshalb ist sie krank.*» – oder leugneten, daß sie sterben könnte, und sie sie deshalb beschworen – «*Unsterbliche Evita, die im*

Herzen des Volkes ewig lebt» –, projizierten die Gegner ihre Schuldgefühle, die sie wegen ihrer eigenen kindlichen Gier hatten, auf sie. Sie wurde der Vampir, der das argentinische Volk aussaugte. Jetzt, da sie krank war, wollte sie das Blut unschuldiger Kinder, um sich selbst zu retten.

Beide Seiten hatten Recht, auf psychologischer wie auf realer Ebene. Beide Lager brachten zwei entgegengesetzte Aspekte eines inneren Bildes zum Ausdruck, das gleichzeitig real war, real deshalb, weil ihre politische Rolle so wichtig war, daß das Land von ihrer Krankheit und ihrem Tod geradezu besessen war. Als Eva im Sterben lag, beteten die einen weiter und hofften jenseits jeder Logik auf das Wunder ihrer Rettung. Die anderen erwarteten und fürchteten ihren Tod zugleich. Gerüchte entstanden, die erzählten, was nach ihrem Tod alles geschehen würde. Dann kam das Ende: Evas Tod und die Totenwache. Sie wurde einbalsamiert und sah wie eine in Wachs gegossene Jungfrau aus, unwirklich. Ihre Anhänger harrten stundenlang bei Regen und Kälte aus, um sie ein letztes Mal zu sehen und um die Glasscheibe zu küssen, die sie von ihnen trennte; Männer weinten, Frauen wurden ohnmächtig oder brachen unter hysterischen Anfällen zusammen. Ihre Gegner berichteten, sie sei bereits in einem derartigen Zustand der Zersetzung und der Fäulnis, daß ihr Gestank unerträglich sei. Der Gestank galt als Beweis dafür, daß Gott Eva gerichtet hatte und er ihren Gegner die magische Kraft, die ihr Haß entwickelt hatte, verzieh. Selbst nach ihrem Tod blieb Eva mächtig.

Und wieder wurden neue Gerüchte ausgestreut: Wie würde die Bestattung vor sich gehen? Sollte es stimmen, daß die Generäle ihre Leiche entführen wollten, daß die Armen und Obdachlosen sie mit den eigenen Fäusten verteidigen würden? Papst Pius XII. wurde gebeten, die Heiligsprechung Eva Peróns in die Wege zu leiten. 1955 wurde Perón abgesetzt;

politisch überlebte er sie wenig mehr als drei Jahre. Nach ihrem Tod büßte er seine Macht und seinen charismatischen Einfluß ein, dann kam ein neuer Mythos auf: Wem es gelingen würde, ihre sterbliche Hülle an sich zu bringen, der würde zur Macht gelangen. Im Dezember 1955 wurde Evas Leichnam entführt und blieb sechzehn Jahre verschwunden. Man hörte nichts mehr von ihm, bis schließlich in der Zeitschrift *Panorama,* einer der wichtigsten von Buenos Aires, in einem Artikel mit der Überschrift «*Hier ruht Eva Perón*» ein allerletzter Mythos verbreitet wurde. Man behauptete, daß man aus Gründen der Geheimhaltung drei identische Särge habe fertigen lassen, einer davon enthalte die sterblichen Überreste. Zwei dieser Särge habe man in fernen Ländern begraben und den dritten, den echten, habe man im Rio de la Plata versenkt. Dieser Mythos trägt märchenhafte Züge und ähnelt der Sage von *Rheingold.* In Wirklichkeit hatte Präsident Aramburu die Leiche heimlich außer Landes bringen lassen. Unter falschem Namen wurde Evita Perón in Mailand beigesetzt, 1970 wurde ihr Leichnam exhumiert und 1971 heimlich von Mailand zu Juan Perón nach Madrid gebracht. Isabel Perón, seine dritte Frau, wurde 1974 Staatspräsidentin von Argentinien, sie ließ Eva Peróns Leichnam aus Madrid nach Argentinien zurückholen. 1976 wurde Eva Perón auf dem Friedhof «*La Recoleta*» in Buenos Aires beigesetzt.

Wenn wir die politische Betrachtungsweise einmal beiseite lassen: Die Art und Weise, wie Juan Perón an die Macht kam, daß er sich zehn Jahre hat halten können und nach Evas Tod mit der Leichtigkeit eines Idols von seinem tönernen Sockel stürzte, das alles ist im wesentlichen auf sie zurückzuführen, das möchte ich betonen. Sie war der Motor seiner Macht, ein Teil von ihm. Da sie die Fähigkeit hatte, uralte Phantasien zu mobilisieren, übte sie auf alle eine magische Macht aus. Auf die einen, denen sie sich als äußeres Objekt für ihre Idealisierungen anbot, auf die anderen, indem sie sie paralysierte. Für sie symbolisierte sie das Böse, die Spinne, die grausame Mutter, die aussaugt, kastriert und tötet.

1 Melanie Klein und ihre Mitarbeiter.

2 Marie Bonaparte, *Mythes de guerre,* Paris und New York 1946

3 Ein Fall aus der Klinik: Eine Frau, die ihr wenige Wochen altes Kind stillte, bekam eines Tages, völlig unerwartet, krampfartige Schmerzen in den Brustwarzen, die sich bis zur Unerträglichkeit steigerten. Die Schmerzen verschwanden in dem Moment, als sie sie mit einem Ereignis in Verbindung bringen konnte, das sich wenige Stunden vorher zugetragen hatte. Sie hatte einen Brief erhalten, in dem ihre Mutter ihr mitteilte, daß sie sich nunmehr gezwungen sähe, die finanzielle Unterstützung in Anspruch zu nehmen, die ihr die Tochter vor einiger Zeit angeboten hatte. Die Kranke hat also durch ihr Symptom zum Ausdruck gebracht, daß sie nicht bereit war, zu Lasten ihres Kindes, mit dem sie sich identifizierte und das sie stillte, ihre Mutter mitzuernähren. Darin einzuwilligen, hätte für sie bedeutet, sich von ihrer Mutter auffressen zu lassen. Der Schmerz war das Mittel, mit dem sie die Situation und ihre Abwehr gleichzeitig äußerte. Er verschwand, als ihr seine Bedeutung zu Bewußtsein kam.

4 Von einer sehr wohlhabenden Frau, die im Grunde genommen alles andere als geizig war, berichtete man mir kürzlich, daß sie allmorgendlich aus dem Schrank in der Küche eine Tüte mit Zuckerwürfeln hervorzuholen pflegte, woraufhin sie mit peinlicher Genauigkeit für jeden der zahlreichen Dienstboten einzeln die Stückchen abzählte, die ihnen für den täglichen Verzehr zugebilligt waren. Anschließend soll sie der Köchin ihre tägliche Ration ausgehändigt und den Rest wieder unter Verschluß gebracht haben. Erst schockierte mich dieses Verhalten, das so sehr im Widerspruch zur finanziellen Lage und zum Lebensstandard jener Familie zu stehen schien, bis ich schließlich begriff, daß die Mutter dieser guten Frau aller Wahrscheinlichkeit nach mit ihr in gleicher Weise verfahren hatte, wenn sie sie als Kind um Bonbons und andere billlige Süßigkeiten gebeten hatte.

5 Ein vierjähriges Mädchen, das gerade ein Brüderchen bekommen hatte, stellte dem Vater folgende Frage: *«Wie muß man es anstellen, daß den Babys das Herz stehenbleibt? Reicht es, wenn man sie ganz fest an sich drückt?»*

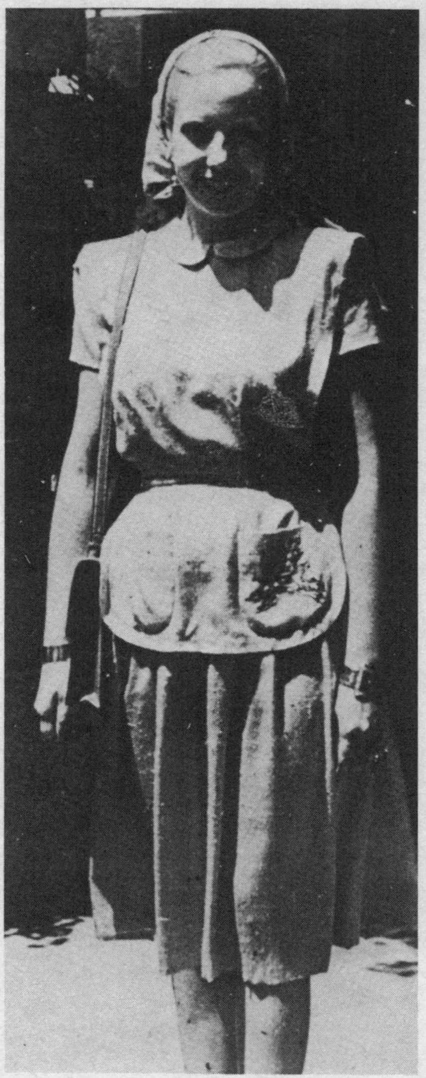

Portrait von Evita Perón
aus den frühen 50er Jahren.

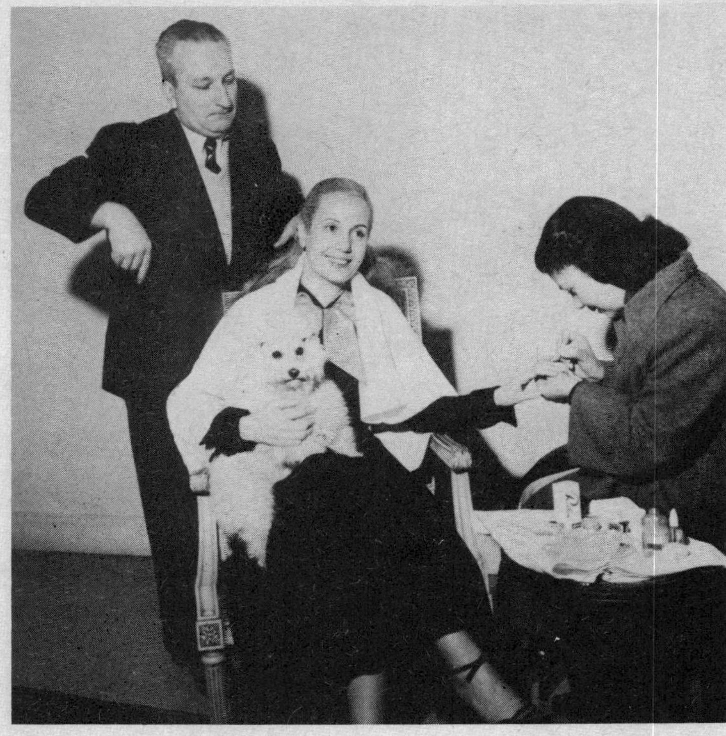

Evita Perón, ihr Schmuck, ihre Frisur und ihre Maniküre.

Rechts: Der General und Evita Perón bei der Vorbereitung zum Gala-Akt am Befreiungstag.

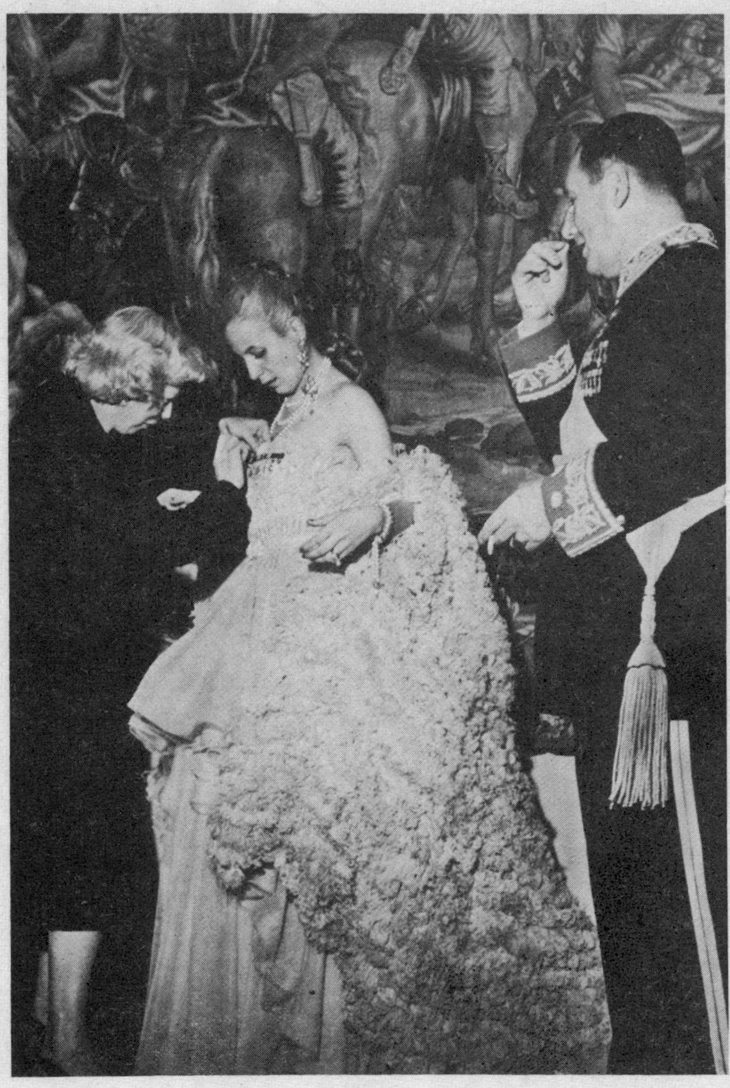

Evita Perón mit ihrem Schmuck.

Die «*Wohltaten*» der Evita Perón.

6 Der Mythos vom gebratenen Kind erschien auch in: *Revista de psicoanálisis*, Bd. VII, Nr. 3, 1950, S. 61 ff sowie in Marie Langer, *Maternidad y Sexo. Estudio psicoanálitico y psicosomático.* Buenos Aires, 1951.

7 Ich möchte vor allem Dr. Arnaldo Rascovsky danken, der am stärksten auf diesem Punkt beharrte.

8 Diesen Begriff entnehme ich dem Titel des Buches von Mary Main, *La mujer del látigo: Eva Perón*, Buenos Aires 1955.

9 Hier zeigt es sich, wie auch in der Analyse des Barabbas, daß das idealisierte Bild als Abwehr gegen ein zweites, beängstigendes Bild eingesetzt wird. Dieses Phänomen ist der von Melanie Klein beschriebenen paranoid-schizoiden Position zuzuordnen. Im politischen Bereich läßt sich die gleichzeitige Projektion zweier entgegengesetzter Bilder sehr häufig beobachten. Ihren höchsten Ausdruck erreicht dieses Phänomen in politischen, nationalen und rassistischen Vorurteilen. Das Vorurteil erlaubt es, alles Gute, Idealisierte einer Seite – der eigenen –, alles Schlechte dagegen dem anderen, dem feindlichen Lager, zuzuschlagen.

10 Eva Perón, *La razón de mi vida*, Buenos Aires 1949.

11 In ähnlicher Weise hat Hitler es vermieden, seine Heirat öffentlich bekannt zu machen, damit jeder deutschen Frau die Möglichkeit erhalten bliebe, in ihrer Phantasie an ihrem eigenen Märchen festzuhalten, eines Tages Hitlers Frau zu werden.

12 Unter uns Kollegen war damals mehrfach die Rede davon, wieviele unserer Analysandinnen – eingeschworene Antiperonistinnen, die Eva in erbitterter Feindschaft gegenüberstanden – plötzlich begannen, besorgt zu werden und sich krank zu fühlen. Sie befürchteten, Evas Schicksal teilen zu müssen. Sie äußerten so ihre Angst vor einer talionischen Bestrafung – Auge um Auge, Zahn um Zahn –, die sie durch ihren Haß selbst verursacht zu haben glaubten.

13 Wenn ich hier das Wort «*magisch*» benutze, so will ich damit nicht den Wert unterschätzen, den das Gerücht als reale Waffe im Kampf gegen den politischen Gegner haben kann. Wie wirksam diese Waffe tatsächlich sein konnte, zeigt sich u. a. darin, wie es gelang, Perón auch damit zu Fall zu bringen.

14 Marie Langer benutzt den Ausdruck «*cara chupada*», wörtlich «*ein-*» bzw. «*ausgesogenes Gesicht*» (Anm. d. Übers.).

ELISABETH I. VON ENGLAND UND DIE GESCHICHTE IHRER MÜTTER[1]

Elisabeth I. ist Zeitgenossen wie Historikern immer eine rätselhafte Gestalt geblieben. Allen blieb unbegreiflich, wie es ihr hatte gelingen können, ihre Rolle als Königin zu spielen und zu beherrschen. In England war es zwar nicht ausgeschlossen, daß eine Frau den Thron bestieg, allerdings implizierte das selbstverständlich die Annahme, daß de facto nicht sie, sondern ihr Mann herrschen würde. Gemeinhin dachte man, eine Frau könne der Aufgabe zu herrschen doch nicht gewachsen sein.

Warum aber ist Elisabeth unverheiratet geblieben? Mußte man diese ungewöhnliche Tatsache ihrem leichtfertigen und dominanten Wesen, einer physischen Anomalie zuschreiben? Waren nicht Zweifel an ihrer Weiblichkeit angebracht, oder hatte sie am Ende geheime lasterhafte Neigungen? Solche und ähnliche Fragen bewegten ihre Kritiker, während ihre Bewunderer schlicht und einfach nicht wußten, was sie von alledem zu halten hatten.

Als mir durch Zufall J. E. Neales[2] ausgezeichnete Biographie über Elisabeth in die Hände fiel, fand ich Gelegenheit, ihr Geheimnis auf meine Art und Weise zu ergründen, indem ich sie mit Frauen von heute verglich; Frauen, die ich als Analytikerin oder Ärztin kennengelernt hatte, weil sie – aufgrund ihrer Kindheits- und Lebensgeschichte – ernsthafte Schwierigkeiten hatten, Mütter zu werden. Was alle diese Frauen mit Elisabeth verband, war die Tatsache, daß ihren Müttern oder Ersatzmüttern im Zusammenhang mit der Mutterschaft etwas passiert war, das von den Töchtern traumatisch erfahren wurde, und daß die damit verbundenen Schuldgefühle ihnen verboten, sich mit ihrer jeweiligen Mutter zu identifizieren. Es waren Frauen, die in der Kindheit ihre Mütter unbewußt gehaßt haben, weil diese sich weitere Kinder wünschten, die schwanger wurden und dann möglicherweise eine Fehlgeburt hatten, oder aber, wenn sie schwanger wurden, ihr Kind zur Welt brachten und das Mädchen damit im Stich ließen. Das Mädchen wünscht der Mutter in seinem Haß alles Schlechte. Später darf es nicht Mutter werden, weil es selbst zum gehaßten Objekt würde und das früher herbeigewünschte Unheil von der Mutter auf sich selbst zöge. Manche werden entgegnen, daß diese Erfahrung auf die meisten Menschen zutrifft, weil sie ihre Eltern zugleich lieben und hassen. Das stimmt natürlich. Wenn aber der Haß ein gewisses Maß an Intensität erreicht und die damit verbundenen Schuldgefühle durch weitere Faktoren gesteigert werden, dann kann später eben dieser Haß zur Kinderlosigkeit führen. Vieles kann dazu beitragen, den Haß auf die Mutter zu intensivieren: die Tatsache etwa, daß das Mädchen wegen seines Geschlechts von ihr zurückgewiesen wird; das Gefühl des Kindes, für das von der Mutter in ihrer Ehe erlittene Unglück verantwortlich zu sein und ähnliches. In der Mehrzahl der von mir beobachteten Fälle stand jedoch ein ganz besonderer Faktor im Vordergrund: Wenn das Mädchen in seiner von magischen Elementen geprägten Vorstellungswelt glaubt, nichts anderes als sein Haß habe bewirkt, daß tatsächlich in der Familie etwas Schreckliches passiert ist, so wird es später nicht wagen, selbst Mutter zu werden und sich damit der Rache des Schicksals auszusetzen. Das Mädchen hält sich für schuldig, das Unglück selbst heraufbeschworen zu haben, besonders wenn es seine unmittelbaren Rivalen, die jüngeren Geschwister oder – schlimmer noch – die Mutter oder den mütterlichen Ersatz trifft. Der Tod der Mutter bei der Geburt, eine Wochenbettpsychose oder Vergleichbares kann für das Mädchen traumatische Folgen haben: Unfruchtbarkeit, sie wird physisch nicht in der Lage sein, Kinder zu bekommen. Gleiche Faktoren spielen auch bei einem hysterischen Phänomen wie dem der Scheinschwangerschaft eine Rolle.

In all diesen Fällen handelt es sich um Frauen mit aktivem Sexualleben, die schwanger werden und Kinder haben wollen, wegen einer psychosomatischen Störung aber dazu nicht in der Lage sind. Elisabeth I. allerdings starb unverheiratet, vermutlich unberührt. Wir können daraus nicht ohne weiteres schließen, daß sie unfruchtbar war. Unabhängig von den komplizierten politischen Gründen, die Elisabeth dazu bewegt haben mögen, eine Ehe abzulehnen, muß sie unter einem Konflikt gelitten haben, der dennoch mit den Problemen der von mir beobachteten Frauen vergleichbar ist. Das unglückliche Schicksal ihrer Mutter und ihrer Ersatzmütter gab Elisabeth das Gefühl, ihr Haß sei allmächtig und ihre Liebe dem Unglück gegenüber völlig machtlos. Ihre Rivalinnen wurden alle aus dem Weg geräumt, und stets hing deren Schicksal in irgendeiner Weise mit Sexualität und gescheiterter Mutterschaft zusammen. Ich glaube, daß ihr Entschluß, nicht zu heiraten, seine Ursache in der gleichen psychischen Konstellation hat, die der psychogenen Unfruchtbarkeit zugrundeliegt: die Flucht vor der Ehe ist der beste Schutz vor einer bedrohenden Mutterschaft.

Bevor ich von Elisabeth erzähle, von ihrem glorreichen Leben, und ihre Besonderheiten wie die irgendeiner Patientin als Folge ihrer unbewußten kindlichen Phantasien analysiere, möchte ich, vielleicht ein wenig in dem Sinne, wie man dem unbekannten Soldaten huldigt, eine ganz gewöhnliche Frau vorstellen, um zu zeigen, daß hinter dem Mythos dieser berühmten Herrscherin ein Frauenschicksal zum Vorschein kommt. Es handelt sich um unsere Kinderfrau. Neun Jahre lang hat sie meine Kinder umsorgt, schenkte ihnen ihre ganze Aufmerksamkeit, erschreckte oder verängstigte sie niemals. Sie war ein verständnis- und liebevoller Mensch. Umsomehr befremdete es mich, als einer meiner Jungen – ich war wieder schwanger und stand kurz vor der Entbindung – mit der

Frage zu mir kam, ob es tatsächlich so gefährlich sei, ein Baby zu bekommen, wie die Kinderfrau gesagt habe. Ob es richtig sei, daß ich dabei vielleicht sogar sterben könnte. Ich beruhigte ihn, so gut ich konnte, und redete mit ihr. Und da erzählte sie mir, daß ihre Mutter 35jährig bei ihrer Geburt gestorben sei. Ich war damals genauso alt. Kurze Zeit nach dem Tod ihrer Mutter hatte der Vater wieder geheiratet. Die Kinderfrau erzählte das so, als erwartete sie, daß sich diese Situation auf magische Weise wieder ereignen würde. In ihrem Unbewußten wurden mein Mann und ich Vater und Mutter. Wenn sie nun meinen Tod herbeiphantasierte, so belebte sich von neuem die schuldhafte Phantasie des Mädchens, das heimlich den Tod der Mutter wünscht, um die Frau des Vaters werden zu können: In ihrer Phantasie sah sie sich als Frau meines Mannes, dem Vater jener Kinder, die sie so fürsorglich betreute. Sie war ein schönes, attraktives Mädchen. Doch wenn sie nicht mit den Kindern zu tun hatte, war sie traurig und in sich gekehrt. Sie ging selten aus, einen Geliebten hatte sie nicht. Es hatte den Anschein, als dächte sie nicht mehr an eine Ehe. Plötzlich jedoch, mit 34 Jahren, entschloß sie sich, einen Witwer, der eine Tochter hatte, zu heiraten. Die erste Frau ihres Mannes starb, wie sie mir nebenbei erzählte, bei deren Geburt. Sie wurde also Stiefmutter. Mit der Heirat entging sie scheinbar der Identifikation mit der eigenen Mutter und verwirklichte ihre kindlichen, auf den Vater gerichteten Wünsche. Wenige Monate später wurde sie schwanger. Die Schwangerschaft verlief schwierig und voller Komplikationen. Sie war zutiefst deprimiert, und je näher der Zeitpunkt der Geburt heranrückte, desto stärker bedrängte sie die Angst vor dem Tod. *«Was mußte ich auch schwanger werden»*, klagte sie mir weinend ihr Leid, *«wir waren doch vorher so glücklich und zufrieden»*. Es war ganz offensichtlich, daß sie befürchtete, bei der Geburt für ihre bösen Wünsche bestraft zu werden. Sie zögerte das Ereignis hinaus, so gut sie eben konnte.[3] Sie hatte eine sehr schwere Geburt. Das Kind war viel zu groß – auch, weil es übertragen war. Schließlich mußte man es mit der Zange holen. Dank der guten ärztlichen Betreuung kam sie mit dem Leben davon. Als man ihr am Tag darauf eine Spritze gab, bekam sie derart heftige Herzrhythmusstörungen, daß sie mehrere Tage lang ernstlich in Lebensgefahr schwebte. Sie wurde gesund, und man entließ sie; als sie zum ersten Mal mit ihrem kleinen Sohn spazierenging, wiederholte sich der Herzanfall.

Daß die Geburt so schwer verlaufen war, ließ sich aus der schuldhaften Identifikation mit ihrer Mutter erklären: Sie war selbst Mutter geworden und damit in der Gefahr, ihren eigenen alten Allmachtsphantasien zum Opfer zu fallen. Warum aber diese Herzbeschwerden? Ich ging zu ihr, um mit ihr zu sprechen. Sie lag verängstigt und mutlos im Bett. Wir unterhielten uns, und ich fragte sie nochmals nach der ersten Frau ihres Mannes, ich wollte mehr über die Umstände ihres Todes wissen. Weinend erzählte sie, daß sie nicht bei der Geburt gestorben sei, sondern ein paar Monate darauf infolge einer Herzkrankheit, die sich durch die Geburt verschlimmert hatte. Jetzt verstand ich. Nachdem die Kinderfrau es geschafft hatte, sich aus der gefährlichen Identifikation mit ihrer Mutter zu lösen, war sie gleich der nächsten, nicht minder lebensbedrohlichen erlegen, und die Gründe dafür lagen wiederum in ihren Schuldgefühlen. Sie, ihr Mann und ich konnten uns gemeinsam darüber klar werden, was in ihr vorgegangen war. Als ich versuchte, ihr das alles verständlich zu machen, und ihr Mann mir beipflichtete, hörte sie verblüfft und fasziniert zu; ganz allmählich wurde sie ruhiger. Später hörten die Herzbeschwerden ganz auf,[4] weil mein Verständnis und meine Deutung für sie einer Absolution und damit der Erlaubnis gleichkamen, sich als Mutter fortan frei von Strafe und Schuld zu erleben; allerdings mit einer Einschränkung, die ich gleich näher erläutern will. Sie war, wie ich schon sagte, eine sehr gute und fürsorgliche Kinderfrau, an der nur eines auszusetzen war: ihre Eifersucht mir gegenüber. Wenn ich meine Kinder stillte, beobachtete sie mich voller Neid; das war die einzige Tätigkeit, bei der sie mich nicht ersetzen konnte. Sie brachte ihren Neid auf tausenderlei Arten zum Ausdruck: Mal warf sie mir vor, daß ich zu wenig Milch hätte, mal fragte sie, wie lange ich die Kinder denn noch stillen wollte; sie war sichtlich froh, wenn ich mit dem Stillen aufhören mußte, und hielt stets das Fläschchen griffbereit, um für mich einzuspringen. Ihr Baby wuchs und gedieh, daß es eine reine Freude war. Nur eines trübte ihren Mutterstolz: Sie konnte es nicht stillen und gab ihm die Flasche.

Im allgemeinen wissen wir, was bewußte Phantasien sind: Bilder, Träume und Träumereien, mit denen wir uns, besonders als Kinder oder Jugendliche, die Zeit vertreiben, mit deren Hilfe wir aber als Erwachsene manchmal die unglaublichsten Taten vollbringen, die grandios, armselig oder grausam sein können. Doch der Einfluß bewußter Phantasien geht zurück, je älter wir werden. Mit den unbewußten Phantasien verhält es sich anders. Sie sind einfacher und konkreter, und ihr Einfluß ist, trotz ihres «*phantastischen*» Charakters, latent da. Weil sie unbewußt sind, sind sie weder an Zeit noch an Logik gebunden. Auch wenn sie nicht unmittelbar und sofort wirksam werden, so bleiben sie doch ein ganzes Leben lang in uns, werden unter gewissen Bedingungen wieder wach und manifestieren sich neu.

Wie muß man sich die unbewußten Phantasien in ihrer ursprünglichsten Form vorstellen? Wenn das Kleinkind Hunger hat, so empfindet oder phantasiert es in etwa so: «*Jetzt nehme ich mir Mamas Brust und esse sie auf.*» Danach, wenn die Blase voll ist: «*Jetzt lasse ich mein Pipi laufen, so viel, daß ich alle über-*

schwemme.» Das Mädchen, das vor der schwangeren Mutter steht, weiß in seinem Unbewußten, selbst wenn es an den Klapperstorch glaubt, daß die Mutter ein Baby im Bauch hat. Es klopft ihr drauf und phantasiert: «*Ich habe Mama und das Baby getötet, jetzt werde ich Papas Frau.*» Und falls der Mutter oder dem Baby tatsächlich etwas zustößt, wird diese Phantasie später, wenn das Mädchen erwachsen ist und Mutter werden kann, erneut in ihr aufsteigen, und sie wird fürchten, ihrer phantasierten Allmacht zum Opfer zu fallen.

Als die Kinderfrau mit meinem Sohn darüber sprach, wie gefährlich die Geburt ist und wie leicht man dabei sterben kann, wurde angesichts meiner Schwangerschaft die alte beschwörende Wunschphantasie vom Tode ihrer Mutter wach, und sie projizierte sie auf mich. Doch nichts geschah. Darauf heiratete sie einen Witwer, der für sie den Vater repräsentierte. Als sie in der Schwangerschaft depressiv wurde und bereute, was sie getan hatte, muß in ihr jene andere Phantasie wachgeworden sein: «*Jetzt habe ich es geschafft, ich bin die Mutter, ich bin Papas Frau. Zur Strafe müssen das Baby und ich bei der Geburt sterben.*» Deshalb hat sie ihr Möglichstes getan, um die Geburt hinauszuzögern und damit ihr Leben – und sei es nur um ein paar Wochen – zu verlängern. Und während der Geburt: «*Jetzt bin ich die Mama, die stirbt, weil sie ihr Kind zur Welt bringt.*» Das Unbewußte wurde so mächtig, daß es den Geburtsvorgang behinderte und schließlich unterbrach. Wenn die Ärzte, die ihre Mutter nicht hatte haben können, weil sie ihr Kind auf dem Land zur Welt brachte, nicht rechtzeitig eingegriffen hätten, so hätten ihre Wunschphantasien sich Bahn gebrochen. Sie kam mit dem Leben davon. Da aber in ihrem Unbewußten die Gestalt der ersten Frau ihres Mannes von der ihrer Mutter nicht geschieden war – ihr eheliches Glück und ihre Mutterschaft beruhten ja auf dem Tod der Rivalin –, lasteten auch die Verantwortung und die Schuld für deren Tod auf ihr. Und so wie sie magisch, unter dem Zwang ihrer Phantasie, an ihrem eigenen Körper ihre eigene komplizierte Geburt wiederholt hatte, so machte sie sich die tödliche Krankheit der zweiten Mutterfigur, der ersten Frau ihres Mannes, zu eigen.[5] Und ich bekam die Funktion, ihr Gewissen zu beruhigen und damit zu ihrer Stabilisierung beizutragen, weil auch ich in gewisser Hinsicht ihre Mutter repräsentierte, allerdings die «*heile*» Mutter, die – lebendig und gesund – verzeihen konnte. Es fiel nicht schwer, sich mit ihr auszusöhnen. In meinem Fall hatte die magische Wirkung ihrer unbewußten Phantasien nicht gereicht, mir Kind und Leben zu nehmen, sondern lediglich ein wenig Milch. Das war eine vergleichsweise geringe Schuld, die sie annahm, indem sie nicht stillen konnte.

Fast wäre es der jungen Frau gelungen, das Schicksal dreier Frauen an sich zu vollziehen und zu erleiden – sie entging dem ihrer Mutter und der ersten Frau ihres Mannes, und schließlich geschah ihr, was sie mir gewünscht hatte: sie bekam keine Milch. Wir drei verschmolzen in ihren unbewußten Phantasien zu einer Gestalt, mit der sie sich identifizierte.

Ich komme jetzt zu Elisabeth I. Warum hat sie nicht geheiratet? Warum hat sie keine Kinder bekommen?[6] Einige ihrer Zeitgenossen behaupteten, sie litte an einer physischen Anomalie, an irgendeiner Störung, die sie wie eine Art drittes Geschlecht zwischen Mann und Frau sein ließ. Sie war aber eine gesunde, attraktive Frau, in ihrer Jugend ausgesprochen weiblich. Zweimal hatte sich Elisabeth wirklich verliebt. Ihre erste große Liebe war an sich nicht außergewöhnlicher, als die erste Liebe irgendeiner jungen Frau zu sein pflegt. Das Ende der Beziehung jedoch, das Elisabeths Zukunft beeinflussen würde, war furchtbar und muß bereits als Folge ihrer Biographie verstanden werden. Die Liebesgeschichte ereignete sich, als Elisabeth 23 Jahre alt war. Ein Jahr zuvor hatte sie den

Thron bestiegen und dem Parlament ihre Absicht vorgetragen, nicht zu heiraten; ihr Los sei die Jungfräulichkeit; ihr Königreich und das Wohlergehen ihrer Untertanen hätten Vorrang vor der Liebe. Ungeachtet ihrer Worte verliebte sie sich ein Jahr später in Sir Robert Dudley, einen ebenso eleganten, attraktiven wie verwegenen Mann, der um einiges älter war als sie und bereits verheiratet war, mit Lady Amata. Das Paar hatte keine Kinder. Elisabeth war sehr verliebt und – ganz im Gegensatz zu ihren sonstigen Gepflogenheiten – nicht auf Diskretion bedacht. Sir Robert, ehrgeizig und zielstrebig, ließ Lady Amata sitzen und setzte alles daran, Elisabeths Herz zu erobern, um sie zu heiraten. Der Skandal ließ nicht lange auf sich warten. Es gab Gerüchte, Elisabeth habe sich ihm hingegeben, sie sei schwanger. Ganz Europa war damit beschäftigt zu verfolgen, wie sich die Idylle dieses Paares entwickelte. Die königlichen Berater waren in höchster Sorge, versuchten mit allen Mitteln, Elisabeth zurückzuhalten, doch sie schlug alle Warnungen in den Wind: Sie war verliebt.

Kaum hatte Lord Cecil, einer der engsten Berater Elisabeths, den spanischen Botschafter Cuadra in der Sorge, Sir Robert könnte womöglich seine Frau ermorden, ins Vertrauen gezogen, als Lady Amata tot aufgefunden wurde: Es war der 8. September 1556, sie hatte ihrem Leben ein Ende gemacht. Elisabeths Geliebter war zwar jetzt *«frei»;* aber nach diesem Schock war für Elisabeth die Ehe erst recht ausgeschlossen. Jahre später schlug sie Sir Robert ihrer großen Rivalin Maria von Irland zum Gatten vor – als wollte sie ihn einer Mutterfigur zurückgeben. Erst Jahrzehnte später verliebte Elisabeth sich wieder.

Vor Amata Dudley hatten bereits vier andere Frauengestalten Elisabeths Leben nachhaltig beeinflußt; alle waren Königinnen gewesen. Katharina von Aragon, die erste Frau

Heinrichs VIII., deren Unfruchtbarkeit Elisabeth die Tatsache ihrer Zeugung verdankte; ihre Mutter, Anna Boleyn, die enthauptet wurde, weil sie keinen männlichen Thronfolger zur Welt hatte bringen können; ihre Stiefmutter, Katharina Parr, starb im Wochenbett; ihre Halbschwester, Königin Maria verelendete und ging an der Tatsache, daß sie keine Kinder bekommen konnte, zugrunde. Elisabeth kam nach ihrem frühen Tod auf den Thron. Woran lag es, daß diese vier Frauen mit ihrer Schwangerschaft oder Mutterschaft derartige Schwierigkeiten hatten? An einer schlechten, medizinischen Versorgung? Oder war es einfach ein glücklicher Zufall, der Elisabeth über den Tod ihrer Rivalinnen den Weg zum Thron ebnete? Ich glaube kaum.

Es gibt viele Gründe, sich Kinder zu wünschen; einer mag sein, beweisen zu wollen, gut, gesund und frei von Schuld zu sein. Früher pflegte man zu sagen, daß Gott die Kinder beschert, heute spricht man dagegen vom *«inneren Gott»*. Welches internalisierte Gebot hat diese Frauen daran gehindert, ein Kind, den sehnlichst erwarteten Sohn, zu bekommen? Jede von ihnen hatte ihr eigenes Schicksal, doch eines war ihnen gemeinsam: Sie waren Königinnen, und Nachkommen zu haben, war für sie eine unerläßliche Pflicht, wenn sie ihre Stellung, ihre Zukunft, ihr Glück oder – wie im Fall Anna Boleyns – sogar ihr Leben retten wollten. Latent waren sie dem Selbstvorwurf ausgesetzt, den Sohn, den sie sich wünschten, für ihre eigene Sicherheit zu mißbrauchen. Und je mehr der normale, immer wieder aber auch komplizierte Prozeß der Zeugung, Schwangerschaft und Geburt zum Maßstab all ihrer Sehnsüchte und Bedürfnisse wurde, desto stärker wurde er gehemmt. Fühlten sich diese Frauen schuldig, so konnte ihnen ihr moralisches Bewußtsein keine angemessenere und härtere Strafe auferlegen als die Unfähigkeit, eben diesen Sohn zu empfangen oder ihn gesund und lebend zur Welt zu bringen. Bekamen sie ihn, so bewies er ihnen ihre Unschuld und die Rechtmäßigkeit ihrer königlichen Stellung gegenüber König wie Volk auf so überzeugende Weise wie sonst nichts. Unter dieser Last zerbrachen sie. Elisabeth hatte in ihrer Kindheit und Jugend gründlich erfahren, wie ihre Vorgängerinnen eine nach der anderen scheiterten. Sie selbst zog für sich – klug und vorsichtig wie sie war – die Konsequenz, diese verhängnisvolle Klippe zu umschiffen und sich durch Ehelosigkeit zu schützen.

Katharina von Aragon, die erste Frau Heinrichs VIII., war die Witwe seines Bruders, sechs Jahre älter als er, eine sehr kluge und gebildete Frau, Spanierin, bis ins Mark katholisch. Drei Söhne kamen tot zur Welt bzw. starben kurz nach der Entbindung. Eine Tochter blieb am Leben. 1527, Katharina ist 42 Jahre alt, dickleibig, traurig und erschöpft, es gibt keine Hoffnung auf eine weitere Schwangerschaft, da entschließt sich Heinrich zur Scheidung. Sicher war er zu diesem Zeitpunkt schon in Anna Boleyn verliebt, doch gemäß den damaligen höfischen Gepflogenheiten pflichtbewußt noch Ehemann. Als solcher hätte er sich wohl auch niemals zu einer Scheidung entschlossen, wenn er nicht die Hoffnung gehabt hätte, daß Anna ihm doch noch den legitimen Thronerben bescheren könnte. Seine Tochter Maria, einziges Kind aus der Ehe mit Katharina, hatte Anspruch auf den Thron; doch die Vorstellung, eine Frau könne das Land regieren, schreckte alle. Die Frage ihrer Heirat würde stets und ständig Komplikationen verursachen, und der Gedanke an eine unverheiratete Königin war einfach unerträglich. Der Scheidungsstreit währte so lange, daß Heinrich und Anna sein Ende nicht mehr abwarteten. Sie lebten zusammen, und als Anna schwanger wurde, brach der König mit Rom. Elisabeth hatte ihre Existenz der sohnlosen Mutterschaft Katharinas zu verdanken und wurde die unmittelbare Ursache für die Einführung der Reformation in England. Doch dies geschah, noch bevor sie geboren wurde und man ihr Geschlecht hatte ahnen können. Das Land erwartete den Kronprinzen. Auch Anna Boleyn erhoffte ihn von ganzem Herzen.

Als Heinrich VIII. sich in sie verliebte, war sie ein frivoles, stolzes und bezauberndes junges Geschöpf, fröhlich im Gegensatz zur bitteren Katharina. Der Zauber, der von ihr ausging, lag – neben ihrer Attraktivität – vor allem in dem Optimismus und der Sicherheit, mit der sie durchs Leben ging. Obwohl sie lange Jahre abhängig von den Unwägbarkeiten des Scheidungsstreites war, wartete sie ruhig und geduldig, denn sie wußte, daß sie es eines Tages schaffen würde, Königin zu werden. Als sie schwanger wurde, fühlte sie sich ihrer Sache sicher. Ihr und ihrer Schwangerschaft zuliebe verstieß Heinrich seine Frau und brach mit dem Papst. Gott hatte bewiesen, auf wessen Seite er stand, indem er sie schnell mit einer unkomplizierten Schwangerschaft segnete. Anna würde vor aller Welt beweisen, daß sie eine bessere Königin werden würde als ihre gedemütigte Rivalin. Sie würde dem König den Thronerben schenken. So dachte der König, so das Volk. Doch sie gebar eine Tochter. Noch war nicht alles verloren, Anna jung, ihr erstes Kind gesund: Sie würde dem König noch den Sohn gebären. Doch mit Elisabeths Geburt hatte sich unversehens etwas verändert, vor allem aber sie selbst und Heinrich VIII.. Am Hofe wagte man jetzt, ihr Ende vorausahnend, Gerüchte zu verbreiten und Intrigen zu schmieden. Heinrich entfernte sich von ihr und suchte sein Vergnügen bei anderen Frauen. Sie fing an, ihm heftige Eifersuchtsszenen zu machen, wie sie ein König von seinem Temperament niemals hinnehmen konnte. Und außerdem dauerte es lange, ein ganzes Jahr, bis sie vermutete, wieder schwanger zu sein. Als Heinrich daraufhin zu ihr zurückkehrte, stellte sich heraus, daß sie sich getäuscht hatte: Es handelte sich um eine Verzögerung im Menstruationszyklus. Ihr Körper war nicht mehr jeder Belastung gewachsen, und die Not, mit der sie den Sohn erwartete, störte und hemmte die Empfängnisfähigkeit. Doch Anna gab den Kampf nicht auf. Monate später wurde sie tatsächlich schwanger. Wieder versöhnt, wollte Heinrich dennoch an Annas Status nichts verändern, um ein Wiederaufleben des Streits um die Rechte seiner ersten Frau zu vermeiden. Und umso weniger jetzt, da Anna das Kind erwartete. Katharina ging es schlecht. Sie war alt, krank und verbraucht. Am 7. Januar 1536 starb sie. Vielleicht hätte Anna vor der Geburt ihrer Tochter Elisabeth den Tod ihrer Rivalin als Triumph erlebt, als zusätzliches Zeichen für den Beistand Gottes. Das konnte sie nicht mehr. Es scheint, als hinderten ihre Schuldgefühle sie daran, über die tote Konkurrentin zu triumphieren. Katharinas Begräbnis fand am 29. Januar statt. Am gleichen Tag verlor Anna durch eine Fehlgeburt ihren Sohn. Sie hat, wie Neale sagt, ihren Retter zu früh geboren. Jetzt ging alles sehr schnell: Katharina war tot und Heinrich frei. Anna hatte ihn dreimal um seine Hoffnung betrogen und damit sein Vertrauen und seine Liebe verloren. Eine andere Frau würde ihm den Sohn und Erben schenken müssen. Am 2. Mai wurde Anna gefangengenommen und in den Tower gesperrt. Die Anklage lautete auf Ehebruch und Inzest mit dem Bruder. Nachdem ihre Ehe mit Heinrich für nichtig erklärt worden war, wurde sie am 19. Mai hingerichtet. Da war ihre Tochter Elisabeth zwei Jahre und acht Monate alt. Aus der Prinzessin wurde ein Bastard, den der König mit einer Dirne gezeugt hatte. Sie hatte über sich ergehen lassen müssen, wie ihre Mutter schwanger wurde, wie sie erniedrigt und umgebracht worden war, und sie ahnte, daß ihr allmächtiger Vater, der König, daran mitschuldig war.

Heinrich VIII. hat noch viermal geheiratet. Seine dritte Frau Jane Seymour schenkte ihm den lang ersehnten Sohn und starb bei der Geburt. Von seiner vierten Frau trennte er sich, die fünfte ließ er wieder hinrichten. Erst mit seiner sechsten, mit Katharina Parr, fand er zu einem ruhigeren und dauerhafteren Zusammenleben. Als Heinrich sie heiratete, war Elisabeth zehn Jahre alt. Katharina war eine liebevolle Mutter. Zum ersten Mal erlebte Elisabeth ihren Vater in einer dauerhaften Ehe, an der Seite einer Frau, die ihr Zuneigung entgegenbrachte. Katharina Parr war nicht mehr jung. Sie war schon einmal verheiratet gewesen, besaß Erfahrung, Ruhe und die Gabe zur Diplomatie. Ihr gelang, was noch keine seiner Frauen geschafft hatte: Sie hatte Einfluß auf ihn. Zweifellos war Heinrich VIII. nicht mehr der alte. Seine Krankheiten und seine Art zu leben hatten ihn zu einem müden, ausgezehrten Mann gemacht. Elisabeth sah ihre Eltern häufig, lebte aber nicht mit ihnen zusammen. Kurz nach dem Tod ihres Vaters zog sie an den Hof Katharinas, die jetzt Königinmutter war und drei Monate später wieder heiratete, nämlich Thomas Seymour. Elisabeth, dreizehneinhalb Jahre alt, gerät in eine ödipale Situation. Sie kannte weder Eifersucht auf die Eltern noch das Begehren auf den Vater. Jetzt war sie in der Pubertät, in einem schwierigen Alter und diffusesten, unbekannten Gefühlen ausgesetzt. Der Konflikt folgte unausweichlich.

Thomas Seymour, dessen Bruder die Prinzregentenschaft übernommen hatte, weil Heinrichs einziger Sohn aus der Ehe mit Jane Seymour zum Regieren viel zu jung war, hätte viel lieber Elisabeth geheiratet. Das wäre ein großer Schritt auf der Stufenleiter zur Macht geworden. Da er aber davon ausgehen konnte, daß das Parlament nie zustimmen würde, begnügte er sich mit der Königinmutter.

Die Beziehung zwischen den beiden Frauen verlief anfangs gut. Für die reife, selbstsichere Katharina war Elisabeth ein Kind, auf das man nicht ernstlich eifersüchtig sein konnte.

Und Elisabeth war weit davon entfernt, an Liebe zu denken. Sie wollte Sprachen lernen, konnte Griechisch und Latein, war überhaupt wissensdurstig und lernbegierig. Seymour tat den ersten Schritt. Es gelang ihm, eine besondere Beziehung zu dem Mädchen aufzubauen. Er spielte und scherzte mit ihr und besuchte sie morgens in ihrem Schlafzimmer, um sie mit scheinbar unverfänglichen Spielen zu wecken. Am Hof wurde geredet, und Elisabeths Gouvernante wandte sich an die Königinmutter, um sich über das Verhalten ihres Mannes zu beklagen. Katharina reagierte ruhig und gelassen. Sie ließ die beiden aber von Stund an nicht mehr allein, und die teils kindlichen, teils verliebten Spiele fanden fortan zu dritt statt. Es entging Katharina nicht, wie sich Elisabeths Verhalten nach und nach veränderte. Sie errötete, wenn Seymours Name fiel; mal ging sie auf ihn zu, mal ging sie ihm aus dem Weg. Katharina – in den letzten Wochen einer Schwangerschaft nervös und angespannt – verlor die Geduld und schickte Elisabeth plötzlich weg. Trotzdem trennten sich die Frauen im Guten. Das kann man ihrer freundschaftlichen Korrespondenz aus der Karwoche entnehmen. Im September starb Katharina bei der Geburt. Seymour setzte sein kompliziertes Intrigenspiel um die Macht fort. Katharinas Tod gab ihm Freiheit und bot ihm Gelegenheit, Elisabeth, die Schwester des jungen Königs, zu erobern. Seymour war ungestüm und nicht sehr geschickt. Um Mitstreiter zu gewinnen, redete er viel und gern. Das Parlament kam ihm auf die Schliche, ließ ihn festnehmen, machte ihm den Prozeß – er wurde hingerichtet. Daß er sich Elisabeths bemächtigt habe, konnte ihm allerdings nicht nachgewiesen werden. Elisabeth behauptete, weder direkt noch indirekt von irgendwelchen Absichten seinerseits Kenntnis genommen zu haben.

Von außen sah es so aus, als sei Elisabeth in dieser heiklen Angelegenheit so klug und vorsichtig vorgegangen, wie es eine erwachsene Frau nicht besser hätte tun können. Wie mag sie sich aber gefühlt haben? Sie wurde mit dieser Situation zu einem Zeitpunkt konfrontiert, als sie selbst noch ein halbes Kind war. Was sie für den Vater, den Mann ihrer Stiefmutter, empfand, war von den Gefühlen einer ersten Liebe nicht zu unterscheiden. Wie sollte Elisabeth jemals lieben können, wenn die Folgen derart zerstörerisch sind, daß schon die Eifersucht auf Katharina und das Kind ausreichte, sie bei der Geburt sterben zu lassen? Und Seymour mußte sein Leben lassen, weil er um Elisabeth geworben hatte, obwohl sie zu den Vorwürfen geschwiegen und ihn bis zum letzten Augenblick geschützt hatte.

Elisabeth hatte begreifen müssen, daß sie ihren Vater nicht ungestraft lieben durfte. Eine zweite bittere Erfahrung kam dazu: Ihre ambivalente, aber herzliche Zuneigung zu Katharina Parr und ihre romantische Liebe zu Seymor verkehrten sich in ihr Gegenteil, in deren Vernichtung. Elisabeth schien ohne sichtbare Regung und zog sich zu ihren Studien zurück. Ihr Ausflug in das *«normale»* Familienleben war so kurz wie dramatisch. Elisabeth verstand sich mit ihrem Halbbruder, der sehr kränklich war, gut. Sie waren über ihren protestantischen Glauben einander verbunden. Der junge König starb, als Elisabeth gerade zwanzig Jahre alt geworden war. Die Krone fiel an Maria, einzig überlebende Tochter aus der Ehe Heinrichs VIII. mit Katharina von Aragon. Elisabeth stand in der Thronfolge an zweiter Stelle.

Das Verhältnis zwischen Elisabeth und Maria war von vornherein belastet. Maria hatte mit 18 Jahren mitansehen müssen, wie ihre Mutter vom König verstoßen und sie selbst wegen der bevorstehenden Geburt Elisabeths zur illegitimen Tochter erklärt wurde. Es war nur natürlich, daß Maria Elisabeth zu jenem Zeitpunkt haßte und sie weiter hassen würde, solange Anna Boleyn am Leben war und sie sich vor dem kleinen Eindringling Elisabeth demütigen mußte. Elisabeth und Maria verloren beide ihre Mütter, beide fielen in Ungnade. Es scheint so, als ob Maria damals Elisabeth gegenüber die Rolle der älteren Schwester bzw. die der Mutter eingenommen hatte und sich liebevoll um sie kümmerte. In dem Maße aber, wie Elisabeth heranwuchs und Frau wurde, regte die belastete Vergangenheit sich wieder. Maria war eine leidenschaftliche, gläubige und überzeugte Katholikin. Aber ihr Glaube war zugleich eine politische Waffe, mit der sie den Rechtsanspruch ihrer Mutter sowie ihre spanischen Erbforderungen erkämpfen konnte. Als der Säugling einer Dahergelaufenen ihr den Rang streitig machte und die Schmach sie quälte, waren der Papst und die großen katholischen Fürstenhäuser Europas nahezu ihre einzige Stütze gewesen, hatten sie beraten und ihr geholfen, politische Strategien und Intrigen zu entwerfen. Der Kampf um den Katholizismus gab ihrem eigenen Kampf, der sie in ihre Rechte wieder einsetzen sollte, gewissermaßen einen überpersönlichen, ja apostolischen Auftrag. Dennoch war sie in erster Linie katholisch, weil ihre Mutter sie so erzogen hatte.

Elisabeth hingegen hatte ganz andere Voraussetzungen. Sie hatte keine Mutter, auf die sie sich hatte stützen oder an die sie sich hätte erinnern können. Das Ende ihrer Mutter war, obschon für die damalige Zeit nicht außergewöhnlich, so doch schrecklich. Um sich ihren Stolz bewahren zu können, wählte sie, im Gegensatz zu ihrer Schwester, den umgekehrten Weg. Während Maria mit ihrem Vater kämpfte und sich erst nach langem Widerstand seinen Forderungen – scheinbar – beugte, hatte Elisabeth nie die Rechte ihrer Mutter für sich eingefordert. Elisabeth verehrte ihren Vater, obgleich er sie zur Halbwaisen und illegitimen Tochter gemacht hatte. Er nahm ihr die Mutter, doch Heinrichs Kind zu sein, war ihr genug. Wenn wir uns vor Augen führen, wie sie die schwere

Krise ihrer frühesten Kindheit bewältigte, können wir Elisabeth schon ziemlich deutlich vor uns sehen. Für ihre Zeitgenossen war nicht faßbar, daß sie – die gebildete, eigenständige und urteilssichere Frau – allein und unverheiratet das Land regierte. Auch die eifrigsten Anhänger des Protestantismus, die glücklich waren, als Elisabeth den Thron bestieg, konnten es sich anfangs nicht vorstellen, wie sie als Frau über England herrschen wollte. Später sprachen sie von einem Wunder und von Gottes Gnade, von einer neuen Deborah, die über ihr Geschlecht hinausgewachsen war und seine Fesseln überwunden hatte. Treffender ist es, Elisabeth mit Pallas Athene, die aus dem Kopf des Zeus geboren wurde, zu vergleichen, sie hatte eigentlich keine Eltern, sondern nur einen Vater, den König. Physisch und charakterlich war sie ihm sehr ähnlich. Das erklärt vielleicht auch, warum sie nicht heiratete und kein den damaligen Vorstellungen entsprechendes normales und erfülltes Leben führte. Wenn wir die Portraits der Prinzessin oder die der jungen Königin Elisabeth anschauen, tritt uns eine zarte und weibliche Gestalt entgegen. Erst ganz allmählich und in dem Maße, wie sie herrschte, entwickelte sich eine zunehmend physische Identifizierung mit Heinrich VIII.. Elisabeth wirkte eindrucksvoll, durch ihre groben, harten Züge fast männlich.

Das Verhältnis zwischen Maria und Elisabeth schien, nachdem Maria den Thron bestiegen hatte, zunächst entspannt. Maria war glücklich; da sie in Elisabeth keine Rivalin mehr sah, mißtraute sie ihr nicht. Sie war absorbiert von dem Gedanken, ihr Land so bald wie möglich wieder dem wahren Glauben zuzuführen. Darum entstanden auch die ersten Konflikte. Man hatte nicht versäumt, Elisabeth wieder in ihren Stand bei Hofe einzusetzen. Allerdings vermied sie es, sich dort öffentlich zu zeigen. Als sie erfuhr, daß Maria mißtrauisch wurde, beugte sie sich zum Schein, denn die Tatsache, protestantisch zu sein, bedeutete auch, in Opposition zu Maria zu sein. Damit wurde Elisabeth für alle Protestanten zur einzig legitimen Thronanwärterin. Elisabeth bat darum, man möge sie im wahren Glauben unterweisen. Sie achtete jedoch darauf, ein gewisses Maß an Zurückhaltung zu wahren, um ihren Anhängern erkennbar zu machen, daß sie sich lediglich dem Druck beugte.

Maria hatte noch ein weiteres Problem zu lösen: die Frage ihrer Heirat. Selbstverständlich dachte sie an eine Verbindung mit Spanien, aber ebenso selbstverständlich war es, daß sie damit alle Welt gegen sich aufbringen würde: die Adligen, die an einen Prinzgemahl aus ihren Reihen dachten; das Volk, das befürchtete, dem religiösen Zwang werde nun auch noch die Unterwerfung unter eine fremde Staatsmacht folgen. Einmal an der Macht und fest entschlossen, sich keinesfalls zu fügen, setzte sich Maria mit ihrem Willen durch, und ihre Wahl fiel auf Philipp, den Sohn ihres Beschützers Karls V. von Spanien. Kaum hatte sie ihren Entschluß gefaßt, fiel sie in einen Zustand derartiger Erregung, als sei sie in heftigster Leidenschaft entbrannt zu jenem Mann, den sie noch nie in ihrem Leben gesehen hatte: Philipp bedeutete Spanien, und Spanien die Mutter.

Das löste die erste Verschwörung gegen Maria unter der Führung von Wiatt aus. Sie scheiterte. Elisabeth war, trotz aller Vorsicht und ungeachtet ihrer scheinbaren Bekehrung, darin verwickelt. Die Spur eines Beweises genügte, und Maria beschloß zu handeln. Elisabeth war zur Gegenspielerin geworden, die sie fürchten mußte. Die eine war die katholische Königin, die die Allianz mit Spanien suchte; die andere stand in der Thronfolge an zweiter Stelle, Protestantin und Engländerin. Wer gegen Maria war, war für Elisabeth. Maria handelte: die Verschwörer wurden hingerichtet; Elisabeth, der nichts unmittelbar nachgewiesen werden konnte, wurde in den Tower verbannt. Noch während man sie einsperrte, beteuerte sie ihre Unschuld, und sie beteuerte sie so eindringlich, daß Maria sie ein paar Monate später aus dem Gefängnis entließ und sie auf eine entfernte Burg in Gewahrsam brachte. Maria hätte es vorgezogen, sich ihrer entledigen zu können: Solange Elisabeth lebte, würde es keine Ruhe geben. Und Ruhe tat Not, denn nun sollte Philipp kommen. Maria war 38 Jahre alt. Die Zeit drängte, wollte sie heiraten und Kinder bekommen, bevor es zu spät war. Ebenso ungeduldig wartete sie darauf, ihren religiösen Auftrag zu vollenden.

Philipp kam im Juli. Die Londoner bereiteten ihm zwar einen kühlen Empfang, aber sie widersetzten sich nicht der Hochzeit, die mit großem Pomp gefeiert wurde. Wenige Tage später besiegelte Maria die Wiedereingliederung Englands in die katholische Kirche. Der ganze Hof ließ sich von der Freude der Königin anstecken, und im Parlament herrschte Ergriffenheit, als der päpstliche Gesandte die Absolution erteilte. Die Gesetze gegen die Ketzer wurden bestätigt. Maria war fanatisch. Sie mußte ihre Sache gewinnen. Die Ketzerverfolgung war so hart und grausam, daß selbst die Botschafter der katholischen Länder entsetzt waren. Das englische Parlament hatte, als es die Gesetze gegen die Ketzer verabschiedete, deren unerbittliche Vollstreckung weder vorgesehen noch beabsichtigt. Fortan nannte das Volk Maria nicht mehr *«die Katholische»*, sondern *«die Blutrünstige»*. *«Doch in Marias unerschütterlich frommem Geist gab es»*, wie Neale schreibt, *«keine Zweifel»*. Nach ihrer Hochzeit und der Versöhnung mit Rom erwartete sie voll Sehnsucht und Ungeduld das höchste Geschenk der Güte Gottes: den Sohn, der ihr Werk empfangen und vollenden würde. An dem Tag, als sie vom päpstlichen Gesandten die Absolution für England erbat, teilte sie ihm – vollkommen außer sich – mit, daß sie schwanger sei. Dieser ließ unverzüglich in allen Kirchen Londons das *«Te Deum»* singen. «*Fürchtet Euch nicht*», sang die Stimme des Geistlichen in St. Pauls Cathedral, «*denn Ihr habt Gottes Wohlgefallen. Und als Zeichen seiner Gnade werdet Ihr in Eurem Schoße einen Sohn empfangen, und er wird das Licht der Welt erblicken.*» Das Volk bezweifelte, daß Maria schwanger war. In seinen Augen hatte sie Schuld auf sich genommen: Sie hatte einen Fremden geheiratet, war zum alten Glauben zurückgekehrt und hatte veranlaßt, daß die Ketzer gefoltert und getötet wurden. Indem sie ihre Schwangerschaft öffentlich bekannt gegeben hatte, unterwarf sich Maria dem Urteil Gottes: Einen Sohn zu gebären, bedeutete, vor Gott Gnade zu finden. Je länger die Schwangerschaft dauerte, desto mehr veränderte sich Maria. Ihr Hochgefühl wich der Angst, bei der Geburt zu sterben. Erfüllte sich, was sie fürchtete, bevor sie den Thronerben zur Welt gebracht hatte, würde Elisabeth Königin werden, und der Zorn des Volkes würde sich gegen Philipp richten. Um ihn zu schützen, zwang sie sich, Elisabeth an den Hof zu holen und sich mit ihr zu versöhnen.

Monate verstrichen. Am 30. April ging in London die Nachricht um, Maria habe einen Sohn geboren. Die Glocken läuteten, und wieder sang man das «*Te Deum.*» Am Tage danach wurde dementiert. Es wurde Mai, und alle warteten auf das große Ereignis. Um der Königin Mut einzuflößen, zeigte man ihr Drillinge, die eine «*kleinwüchsige ältere Frau*» zur Welt gebracht haben sollte. Im Juli hütete Maria das Bett, und spätestens im August zweifelte niemand mehr daran, daß es diese Schwangerschaft gar nicht gegeben hatte. Philipp war Marias, die er nicht liebte, und ihres Volkes überdrüssig. Er wollte England um jeden Preis verlassen. Ende August verabschiedete er sich von Maria, um – angeblich für eine kurze Zeit – auf den Kontinent zurückzukehren. Maria beschloß, London den Rücken zu kehren: Gott hatte zu ihren Ungunsten entschieden. Sie würde weder den Sohn bekommen, der ihre Existenz rechtfertigte, noch den Erben, der ihr Werk hätte fortsetzen können.

Was war mit Maria geschehen, was hatte das mit ihrer Schwangerschaft auf sich? Ein plumpes, schnell sich erschöpfendes Täuschungsmanöver? Wohl kaum. Maria hatte eine Scheinschwangerschaft gehabt – klinisch ein seltenes und ziemlich ungeklärtes Phänomen. Gemeint ist damit nicht die einfache Verzögerung der Menstruation, bei der die Frau sich schwanger glaubt, ohne weitere körperliche Symptome zu entwickeln. Bei einer Scheinschwangerschaft verändert sich der Körper der Frau. Der Bauch wird dick und rund, die Brust schwillt an und sondert häufig Kolostralmilch ab, im Unterleib entstehen leichte Krämpfe, den ersten Kindsbewegungen täuschend ähnlich usw.. Wie kommt es zu diesem merkwürdigen klinischen Bild, das in unserer Kultur selten, bei gewissen Naturvölkern, z. B. auf den Marquesasinseln aber mit einer gewissen Regelmäßigkeit auftaucht?

Dort gibt es mehr Männer als Frauen; jede Frau lebt mit mehreren Männern zusammen. Der jeweils erste spielt ein bißchen die Rolle des Prinzgemahls, entsprechend kann die Frau zum Familienoberhaupt werden. Gesellschaftlich und sexuell hat sie jedes Recht für sich, als Mutter aber ist ihr Handlungsspielraum eingeengt. Sie erzieht ihre Kinder niemals selbst. Die Geburtenrate ist niedrig. Viele Schwangerschaften verlaufen unglücklich; deshalb gilt die Mutterschaft als gefährlich und wird hoch geachtet: Die Geburt eines Kindes gibt in hohem Maße gesellschaftliche Anerkennung und Sicherheit. Die Frau ist zwischen ihrem Wunsch, ein Kind zu gebären, und ihrer Angst, es zu verlieren oder selbst dabei zu sterben, hin- und hergerissen. Das führt zu einer hysterischen Verschiebung: Die Frau simuliert eine Schwangerschaft und entwickelt ihre Symptome. Die Bewohner der Marquesasinseln glauben, ein böser Hexengeist, die Vehinihai, habe das

Kind im Leib der Mutter verschlungen oder habe Fanaua, einen ihr untergebenen Geist, geschickt, um es zu vernichten. Daß die Hexe sich des Kindes im Mutterleib bemächtigen kann, dafür trägt die böse Mutter bzw. der böse Vater die Schuld.

Kehren wir in die Zeit Elisabeths zurück. Anna Boleyn hatte sich in ihrem Kampf gegen die mütterliche Stellvertreterin – Katharina von Aragon – gesünder und widerstandsfähiger gezeigt als Maria. Sie hatte ihre erste Schwangerschaft problemlos bewältigt und war sogar noch zu Lebzeiten ihrer Rivalin ein zweites Mal schwanger geworden. Aber als Katharina starb, brachen die Schuldgefühle so heftig über sie herein, daß sie den Sieg verlor und das Kind nicht mehr austragen konnte. Wenn auch Maria, die Tochter der Rivalin, ihr Opfer war, so fürchtete sich Anna dennoch vor ihrer Rache. Anna verlor den Sohn genau an dem Tag, als ihr Opfer begraben wurde. Die Frauen von den Marquesasinseln wären über diese Koinzidenz nicht erstaunt gewesen. Sie hätten gesagt, daß der Geist Katharinas sich in den einer Vehinihai verwandelt und Annas Kind verschlungen habe. Die Vehinihai ist nichts anderes als das verinnerlichte Bild der bösen Mutter, die eifersüchtig die Schwangerschaft der Tochter verhindern oder zerstören soll. Anna Boleyns Vehinihai tritt erst spät in Erscheinung, um einzugreifen. Maria hingegen trug sie von klein auf in sich. Sie wußte, daß sie ihre Mutter schon bei der Geburt enttäuscht hatte, weil sie als Mädchen zur Welt gekommen war. Sie hatte das Ringen um den Sohn, seine existenzielle Bedeutung für die Mutter, erfahren und die mißglückten Schwangerschaften und Totgeburten als Folge ihrer Wünsche und ihres Hasses schuldig erlebt. Sie wünschte unbewußt das Ende der Schwangerschaften und wird schuldig an ihrem Ende.

In Marias Unbewußtem findet ein komplizierter Spaltungsprozeß statt. Anna war wie Katharina Mutter, und beide Frauen waren Frauen ein und desselben Mannes, ihres Vaters. Maria konnte um ihre Mutter trauern, weil sich in ihr das Bild spaltete: Die gute und die reine Mutter projizierte sie auf Katharina, die böse und geschlechtliche auf Anna. Anna, die perverse, die zudem noch wegen Inzests zum Tode verurteilt worden war, repräsentierte dennoch einen Teil ihrer selbst. Anna eroberte, was Maria sich in ihren kindlichen, ödipalen Wunschphantasien erträumt hatte, den Vater; und mehr noch, sie hatte die Mutter verdrängt, indem sie ein Kind von ihm bekam. Indem Maria Anna haßte, leugnete sie ihr eigenes schuldhaftes Begehren und rettete das Bild der guten Mutter, mit dem sie sich identifizieren konnte. Deshalb kämpfte sie so beharrlich und nachdrücklich um die Rechte ihrer Mutter und die Wiedereinführung des katholischen Glaubens. Sie hatte keine Veranlassung, sich Vorwürfe über ihre Genugtuung am Tode Annas zu machen, weil sie vor ihrem Gewissen gerechtfertigt war. Als sie aber viele Jahre später selbst den Thron besteigt, überträgt sie auf die Schwester, die Rivalin Elisabeth, die abgespaltenen Gefühle, haßt sie, mißtraut ihr und fürchtet ihre Rache als bedrohliche Vehinihai.

Maria heiratet allen Warnungen und Widerständen zum Trotz Philipp von Spanien und folgt dem vermeintlichen Auftrag der Mutter. Sie unterwirft sich dem Zwang zur Schwangerschaft, versagt und sucht den Ausweg. Die Scheinschwangerschaft war ihr verzweifelter Versuch, Schuld zu leugnen und die Erbschaft der Mutter zu retten. Das Akzeptieren ihrer Unfruchtbarkeit wäre einer Verurteilung durch Gott gleichgekommen. Eine Scheinschwangerschaft, die kein Ende hat: Für eine Weile gibt die trügerische Lösung Ruhe, Sicherheit und Hoffnung. Als Philipp das, was sich vor ihm abspielte, durchschaut hatte, ging er. Maria begleitete ihn bis Greenwich, wo sein Schiff wartete. Dort ließ sie sich in der Nähe eines Klosters nieder und wartete Woche um Woche, weinend, Briefe schreibend und betend um seine Rückkehr. Sie führte weit weg vom Hofe das disziplinierte Leben einer Ordensschwester. Sie wurde depressiv.

Elisabeths Stellung festigte sich nach dem Scheitern Marias und einer ständig wachsenden Unterstützung durch Adel, Parlament und Volk. Die Zeit der Haft war vergessen. Zweierlei konnte ihr noch gefährlich werden: Maria konnte Elisabeth zwangsverheiraten oder aber sie ins Ausland schicken. Wieder gab es eine Verschwörung gegen Maria, und wieder stellte sich heraus, daß Elisabeth daran beteiligt war. Jetzt war Maria nachsichtig und schenkte ihr in einem verzeihenden Gestus einen wertvollen Ring. Nach neun Monaten kehrte Philipp zurück, blieb gerade lang genug, um seine Frau zum Krieg gegen Frankreich zu überreden und das Desaster von Calais heraufzubeschwören. Danach ging alles sehr schnell. Noch einmal suchte Maria Zuflucht in einer Scheinschwangerschaft. Die Illusion hielt nur kurz. Sie wurde kränker und versank in Depression. Sie erkannte Elisabeth als rechtmäßige Nachfolgerin an und starb kurz darauf.

Elisabeth war jetzt Königin von England. Das Volk brachte ihr Begeisterung und Zuneigung entgegen, wie selten jemandem zuvor.

Elisabeth war schlau. Zwei Konsequenzen zog sie aus dem Scheitern Marias, die sich dadurch verhaßt gemacht hatte, daß sie England den Katholizismus und einen ausländischen Prinzgemahl aufzwang: Sie würde in England die anglikanische Ordnung wiederherstellen und nie heiraten. Das erste Versprechen wurde von ihr niemals in Zweifel gezogen. Das zweite einzuhalten – bei allen Gefahren, die sie hinter Liebe und Ehe zu sehen gelernt hatte – erwies sich als weitaus schwieriger, wenn man z. B. an ihre Affaire mit Dudley denkt.

Entgegen den zeitgenössischen Vorstellungen überzeugte sie nicht nur den englischen Hof, das Parlament, sondern auch die europäischen Regierungen, daß eine Frau allein, unabhängig und mit Erfolg regieren konnte, und das in einer Zeit, in der jeder Herrscher an den zu bewältigenden Aufgaben hätte scheitern können. Elisabeths Entschluß, unverheiratet zu bleiben, stand nicht im Widerspruch zu dem Nutzen, den sie in der Politik aus ihrer Weiblichkeit zu ziehen wußte. England war arm, strategisch im Nachteil, leicht zu erpressen und brauchte Verbündete. Elisabeth mußte sie finden, indem sie ein Netz von Intrigen und Heiratsversprechen knüpfte: Schließlich war sie eine der glänzendsten Partien Europas.

1570 war Elisabeth 37 Jahre alt. Unter den vielen Heiratskandidaten, die sich bewarben, gab es einen, der besonders wenig Chancen hatte. Duc d'Alençon, jüngster Sohn der Katharina von Medici, ein verschüchterter, pockennarbiger 16jähriger Junge. Er verschwand so schnell, wie er aufgetaucht war. 1578 ging das Heiratskarussell von neuem wieder los: Elisabeth und der Duc d'Alençon brauchten beide politische Unterstützung, und Gerüchte über eine mögliche Verehelichung würden dabei helfen. So weit, so gut, d'Alençon war nicht mehr schwächlich, unansehnlich und schüchtern, sondern hatte sich in einen ehrgeizigen, tapferen Mann verwandelt, der entschlossen und verliebt genug war, alles auf eine Karte zu setzen. Und es bahnte sich etwas an, das wir nur aus höfischen Romanen kennen: ein Briefwechsel mit Liebesfolgen. D'Alençon überhäufte Elisabeth mit leidenschaftlichen Briefen, und sie ging darauf ein, vielleicht nur zum Schein, vielleicht weil sie schon alt war, voll von enttäuschten, romantischen Gefühlen, vielleicht weil sie die letzte Möglichkeit gekommen sah, zu lieben und geliebt zu werden: Sie ließ sich mitreißen. 1579 sandte er seinen engsten Freund Simier nach England, damit er in seinem Namen um Elisabeth werbe, mit Erfolg. Er sprach von d'Alençons Sehnsucht und schilderte seine Liebe in den leuchtendsten Farben. Es gelang ihm, in Elisabeths Schlafzimmer vorzudringen, ihr eine Nachtmütze und ein Taschentuch als Liebespfand zu entwenden, und schickte beides an seinen Freund. Am Hof wurde man mißtrauisch, man erzählte, Simier habe nicht nur das Herz, sondern auch den Körper der Königin erobert. Gegen eine Heirat Elisabeths sprach lediglich ihr Alter: Sie war 46 Jahre alt. Man konsultierte ihre Ärzte. Würde sie noch gebären können? Wenn ja, wäre das Risiko nicht zu hoch, würde sie eine Geburt überleben? D'Alençon wollte keine Entscheidung, ohne sie vorher persönlich kennengelernt zu haben. Er war der einzige ihrer Verehrer, der es wagte, eine Begegnung herauszufordern. Er beriet sich mit Simier; die Folge war, daß er unerkannt, weil verkleidet, am englischen Hof erschien. Scheinbar unbemerkt drang er bis in ihre Gemächer vor, sie erblickten sich, und ihre Sehnsucht hielt der Begegnung stand. Wie nahe sie sich kamen, ist schwer zu beurteilen. Was man weiß, ist, daß Elisabeth und d'Alençon 13 Tage und 13 Nächte zusammen verbrachten, 13 Tage und Nächte voll Leidenschaft, wachsender Zuneigung und gegenseitiger Versprechungen. D'Alençon mußte gehen. Kaum in Dover, schrieb er vier Liebesbriefe, drei weitere aus Bologna, in denen er, den sie zärtlich *«Frosch»* nannte, beteuerte, daß er seiner Tränen kaum Herr würde. Als man sich bei Hofe und im Parlament darüber klar wurde, daß Elisabeth sich verliebt hatte und es sich nicht um die üblichen strategischen Liebesränke handelte, entschied man gegen die Heirat. Der Widerstand wurde so groß, daß Elisabeth voll Schmerz und Wut auf d'Alençon verzichten mußte. Sie schrie und weinte, verfolgte mit einer für sie ungewöhnlichen Grausamkeit die, die sich gegen die Heirat aussprachen. Elisabeth war enttäuscht und entrüstet, und das mit gutem Grund. Alle hatten sie zur Ehe gedrängt, damit das Land endlich seinen männlichen Herrscher und Thronfolger bekäme. Jetzt hätte sie die letzte – und die erste – Möglichkeit zu lieben und zu heiraten. Dudley hatte sie ihren Schuldgefühlen geopfert. Die übrigen Verehrer waren nichts weiter als mehr oder minder bedeutsame Figuren auf dem Schachbrett der Politik. Ein Mal hatte sie Parlament und Berater gebeten, ihre Wahl wohlwollend zu billigen, und sie wurde getäuscht.

Ich möchte beide Liebesgeschichten Elisabeths vergleichen. Sie war 24 Jahre alt, als sie sich in Dudley verliebt hatte, leidenschaftlich und sexuell. Ob sie von Dudley, der kinderlos war, schwanger werden wollte, bleibt unklar. Als sie sich d'Alençon zuneigte, wünschte sie sich ein Kind; aber sie war nicht mehr jung, sie stand kurz vor dem Klimakterium. Betrachte ich ihre Biographie, so glaube ich, daß sie sich erst dann verlieben konnte, als die Gefahr einer Empfängnis ausgeschlossen war. Sie verliebte sich in einen 20 Jahre jüngeren Mann, der Liebhaber und Sohn zugleich war, der Sohn, den sie entbehrte, der ihr aufgrund einer existenziell empfundenen Schuld verwehrt bleiben mußte. Zwischen dem tragischen Ende ihrer Liebe zu Dudley und dem Verzicht auf d'Alençon lagen 22 Jahre, Jahre, die die ganze Spanne ihres körperlichen Reifungsprozesses umfaßten. Was mag in all diesen Jahren in ihr vorgegangen sein? Liebesabenteuer sind nicht bekannt. Sie war ausschließlich damit beschäftigt, ihr Land zu regieren, Englands Lage durch geeignete außenpolitische Manöver zu festigen. Von zentraler Bedeutung ist dabei ihre Auseinandersetzung mit Maria Stuart von Schottland, die jenseits der politischen Notwendigkeit in ihr eine Fülle von emotionalen Energien freigesetzt hat, die vermuten lassen, daß Elisabeth auf Maria ihre eigene Triebhaftigkeit projizierte und auf diese Weise gegen ihr eigenes Begehren kämpfte. Die wenigen Briefe und aufgeschriebenen Gespräche, die erhalten sind, geben Aufschluß darüber.

Maria Stuart war das Gegenbild von Elisabeth. Sie war attraktiv, leichtfertig, eitel und sich ihrer weiblichen Reize durchaus bewußt; sie war Katholikin, nicht fanatisch, hatte jung geheiratet, wurde bald Witwe und durch einfaches Erbrecht Thronfolgerin; die Krone wurde ihr in den Schoß gelegt. Gegen den Willen Elisabeths heiratete sie ohne zu zögern den englischen Adligen Darnley, einen hübschen, unbedeutenden jungen Mann. Seiner schnell überdrüssig geworden, nahm sie sich den italienischen Musiker Riccio zum Geliebten. Sie wurde schwanger. Als sie im sechsten Monat ist, hat Darnley, gedemütigt und bis aufs Blut gereizt, Riccio in Marias Anwesenheit getötet. Ohne Schaden zu nehmen, brachte sie ihren Sohn, den späteren James I. von Schottland und England, zur Welt. Der Mord hat Darnley nicht viel genutzt. Alsbald verliebte sich Maria aufs neue und stellte Darnley mit ihrem neuen Liebhaber eine tödliche Falle. Maria wurde gefangengenommen, des Mordes angeklagt und auf eine Burg verbannt. Nach einem Jahr gelang es ihr, nach England zu Elisabeth zu fliehen, und bat um Asyl. Damit begannen die Schwierigkeiten. Maria hatte sich vordergründig in die Abhängigkeit Elisabeths begeben, faktisch beanspruchte sie den englischen Thron für sich. Elisabeth war bemüht, sich mit ihr zu einigen. Maria inszenierte Verschwörungen und Intrigen und konspirierte ohne Unterlaß. Solange sie keine Nachkommen hatte, bedeutete Maria eine ständige Bedrohung für Elisabeths Thron und die anglikanische Kirche. Elisabeth hielt sie von sich fern und schützte sie und sich selbst damit. Hof und Parlament drängten sie, ihre passive Haltung aufzugeben, Maria der englischen Justiz oder dem schottischen Adel wegen des Mordes an Darnley zu übergeben und Englands Frieden und ihre Herrschaft endlich wieder zu sichern.

In dem Jahr, in dem auch d'Alençon starb, gab Elisabeth ihrem Drängen nach. Dem war eine Verschwörung vorausgegangen, bei der Maria mit tatkräftiger Unterstützung der anderen katholischen Mächte Elisabeth aus dem Weg räumen wollte. Maria wurde dem Richter vorgeführt, ihr Schicksal war besiegelt. Maria repräsentierte für Elisabeth das, was sie sich selbst verbieten mußte: Sexualität und Fruchtbarkeit. Sie verkörperte die, die Elisabeth Zeit ihres Lebens in sich bekämpft hatte: Anna Boleyn.

Elisabeth war 27 Jahre alt, als sie mit Maria Stuart konfrontiert wurde. Ihr Verhältnis war von vornherein ambivalent: Sie verachtete sie, wie sie sie gleichermaßen entschuldigte. Sie versuchte, ihre Schritte, so gut es ging, zu überwachen und zu lenken. Als Maria dann in England war, zwang sie sie, einsam zu leben, und nahm ihr jede Möglichkeit, sexuelle Beziehungen aufzunehmen. Sie überwachte Marias Korrespondenz und wußte bis in die kleinsten Einzelheiten über ihr Leben Bescheid. Sie verhielt sich so, als unterzöge sie Marias Sexualität einer strengen Kontrolle, konnte sich aber gleichzeitig nicht entscheiden, ganz auf sie zu verzichten. Erst der Tod von d'Alençon nahm ihr die Vorstellung und endgültig die Hoffnung, Sexualität und Lust zu genießen. Mit dem Todesurteil gegen Maria begrub sie ihre eigene Sexualität. Das Bild der bösen Mutter zerbrach: Anna Boleyn. Die vollständige Identifizierung mit dem Vater gelang. Die Portraits Elisabeths aus dieser Zeit zeigen eine schwere Frau mit harten, fast männlichen Zügen. In nichts erinnern sie an das liebreizende Gesicht der jungen Elisabeth.

Auch die letzte, für Elisabeth wichtige Freundschaft mit einem Mann endete mit einer Tragödie, mit der Hinrichtung des von allen Engländern angebeteten Grafen von Essex. 1587 erschien er zum ersten Mal bei Hofe, und zwar genau an dem Tag, an dem Maria hingerichtet wurde. Er war Elisabeths Großneffe und Dudleys Stiefsohn, außergewöhnlich schön, tapfer und intelligent. Er war die Verkörperung des zeitgenössischen Ritterideals.

Elisabeth und Essex kamen sich näher und lieferten sich einen halb liebevollen, halb feindlichen Zweikampf, der vierzehn Jahre dauerte. Von Zornausbrüchen bis zu Ergebenheitsbeweisen war Essex jedes Mittel recht, Einfluß über sie zu gewinnen. Er wollte seine Freunde bei Hofe einführen, um eine Lobby zu haben. Sie ging auf die Herausforderung ein, hoffte aber ihrerseits, aus dem jungen rebellischen Abenteurer einen besonnenen, ihr gefügigen Staatsmann machen zu können. Sie mochte ihn. Sobald er weg war, wähnte sie ihn in Gefahr und machte sich Sorgen. Sie band ihn an sich, indem sie ihn als ihren Favoriten behandelte. Als Essex als der große Sieger von Cadiz zurückkehrte, nahm seine Beliebtheit sprunghaft zu. Elisabeth konnte ihn nicht mehr in Schach halten. Sie war alt und hatte ihre Anziehungskraft ihm gegenüber verloren. Das Volk verehrte jetzt ihn. Beim Irlandfeldzug wurde Essex zum Verräter und paktierte mit dem Feind. Wie immer war Elisabeth informiert. Sie konnte sich nicht entscheiden, ihn vor Gericht zu stellen, aber sie entfernte ihn vom Hof und stellte ihn auf seinen Gütern unter Arrest. Von dort aus plante Essex, der zwar hart getroffen, aber keineswegs entmutigt war, den Staatsstreich. Die Liebe des Sohnes schlug in Haß um. Er war fest entschlossen, Elisabeth den Thron zu nehmen und England zu regieren, wenn nötig, sie auch aus dem Weg zu räumen. Die Verschwörung scheiterte, Essex erlitt eine erbärmliche Niederlage. Er übergab sich selbst der Justiz und wurde zum Tod verurteilt. Die Hinrichtung war 1601. Elisabeth war 68 Jahre alt. Danach schien es, als habe Essex den Glanz, der den Hofstaat, das Königreich und die Herrscherin einst umgeben hatte, mit sich ins Grab genommen. Was blieb, war Alter, Trübsinn und Verfall. Zwei Jahre später starb Elisabeth, nachdem sie James, den Sohn Maria Stuarts, zu ihrem rechtmäßigen Nachfolger ernannt und auf diese Weise England und Schottland zu einem Reich vereint hatte.

Was hatte Elisabeth dazu bewegt, sich auf den Zweikampf mit Essex einzulassen? Doch Liebe? Sie wies ihn von sich, überwachte ihn und ließ ihn töten. Essex repräsentierte einen Teil ihrer selbst: In der Auseinandersetzung mit ihrer Halbschwester Maria stand ihr ein ganzes Repertoire von Verhaltensweisen zwischen Anpassung und Auflehnung, zwischen nach außen gekehrter Demut und versteckten, aber entschiedenen Intrigen zur Verfügung. Sie wollte den Thron, und den würde sie kriegen. Insofern war Essex wie ihr Spiegel, die männliche Projektionsfigur, die Repräsentation ihrer Jugend, die sie zugleich bewundern, beargwöhnen und verurteilen mußte. Mit der Hinrichtung Essex' vernichtete Elisabeth das männliche und idealisierte Bild ihrer selbst als junger Frau, die um den Thron ihres Vaters kämpfte, um ihn zu erhalten.

Fünf Frauenleben haben Elisabeth nachhaltig geprägt. Alle kennzeichnet der Zwang zur Mutterschaft, die Angst, ein Kind mit dem falschen Geschlecht zu gebären, die damit einhergehenden Schuldgefühle, das Damoklesschwert des Todes, die Unmöglichkeit, ohne tödliche Folgen lieben zu dürfen. Die Angst, wie sie zu enden, machte eine geglückte und positive Identifikation mit ihnen unmöglich. Elisabeth heiratete nicht und bekam keine Kinder. Ihre erste Schuld war ihr Geschlecht. Der Wunsch, wiedergutzumachen, was sie in ihren kindlichen Phantasien zerstört hatte – die Ehe der Eltern, das Leben der Mutter, die durch den Vater zu Tode gebracht worden war, – wurde Motor ihrer Politik. Elisabeth schuf die nationale und religiöse Einheit, verhalf der anglikanischen Kirche zu Größe und Anerkennung und sorgte für das Weiterbestehen des Glaubens, den ihr Vater durchgesetzt hatte. Mit der Vereinigung Schottlands und Englands versöhnte Elisabeth Marias Heimat mit dem Reich Heinrichs VIII., und damit Anna Boleyn mit dem Vater.

1 Vortrag auf der Konferenz der Psychoanalytischen Vereinigung Argentiniens im September 1954.

2 John Ernest Neale, *Königin Elisabeth.* (Aus dem Englischen von Georg Goyert), Hamburg 1936.

3 Vielleicht wird man mir entgegenhalten, daß dies vollkommen unmöglich sei, eine Frau habe auf den Zeitpunkt der Geburt keinen Einfluß. Ich glaube schon. Ich halte es wahrscheinlich, was eine junge Psychoanalytikerin kürzlich mir gegenüber äußerte: «*Es ist schon eigenartig, wie sehr man einer Frau im Augenblick des Gebärens ansieht, mit welcher Haltung sie den anderen Dingen ihres Lebens gegenübertritt. Als ich z. B. damals mein Kind bekommen sollte, lief am Anfang alles wie am Schnürchen. Um mich herum waren alle beeindruckt, wie problemlos ich mit der Geburt zurechtkam, wie gut ich mitmachte und auf die Wehen reagierte. Bis ich plötzlich zurückschreckte und gar nichts mehr tun konnte. Schließlich mußten sie mich betäuben und das Kind ‹herausholen›. Genauso geht es mir mit allem, was ich anfange: Zunächst läuft alles wunderbar, doch nur bis zu einem ganz bestimmten Punkt. Dann plötzlich verkrieche ich mich und rühre mich nicht mehr von der Stelle.*»

4 Ihr Sohn wurde ein gesunder fröhlicher Junge, blieb aber Einzelkind. Ein zweites Mal hat sie es nicht gewagt, Glück und Leben aufs Spiel zu setzen und sich den Gefahren einer weiteren Schwangerschaft zu stellen. Manchmal litt sie unter leichten Herzrythmusstörungen, die als nervös diagnostiziert wurden, ein anderes Mal bezahlte sie ihr Glück mit leichten Depressionen.

5 Leon Grinberg definiert in seiner Arbeit *Magische Aspekte der Übertragung und Gegenübertragung* diejenigen Personen, die in der oben beschriebenen Weise auf ihr Schicksal reagieren, als «*magisch-depressive*» Persönlichkeiten. Vgl.: Leon Grinberg, Marie Langer und Emilio Rodrigué, *Psychoanalytische Gruppentherapie. Praxis und theoretische Grundlagen.* Aus dem Spanischen von A. Freund. Herausgegeben und mit einem Geleitwort versehen von Werner W. Kemper, Stuttgart 1960.

6 Vielleicht lohnt es sich an dieser Stelle nochmals zu betonen, daß die psychologische Analyse Elisabeths – oder irgendeiner anderen historischen Persönlichkeit – nur ein Aspekt einer historischen Betrachtungsweise sein kann. Die Geschichte ist Resultante einer dialektischen Wechselwirkung: Die gesellschaftlichen Umstände beeinflussen das Individuum in seinem/ihrem Handeln, indem sie ihm/ihr bestimmte Lösungen und Entscheidungen auferlegen; umgekehrt werden die inneren Konflikte der Individuen – ihre innere Geschichte – in dieser Wechselbeziehung wirksam.

BARABBAS ODER DIE VERFOLGUNG DURCH EIN IDEAL[1]

Als ich Pär Lagerkvists Roman *Barabbas* las, war ich gefesselt, ohne genau sagen zu können warum. Lagerkvist erzählt eine Geschichte, die wenig Handlung bietet und die die meisten bereits kennen; es ist die von Golgatha und den Anfängen des Christentums. Erzählt wird sie in einem spröden Stil; es treten nur wenige Personen auf. Und es scheint auch keine Liebesgeschichte zu sein, zumindest keine gewöhnliche und keine sinnliche. Dennoch geht es um Liebe, eine reine Liebe, die fast alle Christus entgegenbringen, die ihm begegnen – außer Barabbas. Und ausgerechnet der Protagonist, mit dem wir uns zwangsläufig identifizieren, scheint sich ihm zu entziehen. Was war an dem Buch so spannend? Galt das allgemein, oder gefiel es nur mir so gut, weil etwas in mir darauf ansprach? Daß meine Faszination allgemein geteilt wurde, bewiesen die Vergabe des Nobelpreises an den Autor, die vielen Neuauflagen und Übersetzungen. Dazu hatte ich ein einfaches Erlebnis. Ich saß in der Straßenbahn, las das Buch zum wiederholten Mal und machte mir Notizen. Neben mir saß ein junger einfacher Mann, der mich beobachtete und sichtlich gegen seine Schüchternheit anzukämpfen hatte. Schließlich konnte er sich nicht mehr zurückhalten und sprach mich an: *«Lesen Sie ‹Barabbas›? Lesen Sie das Buch zum ersten Mal? Es ist großartig, finden Sie nicht? Sagen Sie, die Geschichte wird doch wahr sein, die erzählt wird, oder?»* In dem *«oder»* lag die gleiche Frage, die ich mir vorher gestellt hatte: Was ist so großartig, so faszinierend an diesem Buch?

Freud lehrte uns und machte uns verständlich, warum die drei großen Werke der Weltliteratur – *König Ödipus* von Sophokles, *Hamlet* von Shakespeare und *Die Brüder Karamasoff* von Dostojewski – uns immer noch tief in ihren Bann ziehen, was ihre Grundphantasie ist. Alle drei sind Verarbeitungen des gleichen Konflikts, beinhalten sie doch im Kern das ödipale Drama. Ich glaube, was uns an der Entwicklung der Handlung in *Barabbas* so sehr berührt, ist, daß es – es ist ja ein religiöses Buch, keines über die irdische Liebe – untergründig ein allgemeines Problem behandelt, das in seiner schlichten und metaphysischen Verarbeitung gleichermaßen die Atheisten wie die Gläubigen trifft: das Verbrechen des Ödipus, seine schreckliche Bestrafung und den halb gescheiterten, halb gelungenen Versuch seiner Sühne.

Bevor ich mich mit diesem Thema auseinandersetze, will ich für jene, die das Buch nicht gelesen haben, seinen Inhalt erzählen. Die es kennen, werden mir meine ungelenke Wiedergabe verzeihen.

I. Der Roman

Es beginnt mit der Kreuzigung von drei Männern. Jener in der Mitte ist ein seltsamer Mensch. Es ist derjenige, der später Meister genannt wird. Seine Freunde umringen das Kreuz, auch seine Mutter, bewegungslos, stumpf vor Schmerz. Etwas entfernt hält sich ein robuster, etwa dreißigjähriger Mann auf. Unterhalb seiner Augen, die Blicke meiden und sich in den Augenhöhlen zu verstecken scheinen, verläuft eine Narbe. Das ist Barabbas, der später von allen, die seine Geschichte kennen, gemieden wird und dem sie den Beinamen *«Der Freigelassene»* geben werden. Er ist es, der tatsächlich am mittleren Kreuz hätte sterben müssen. Er war zu Recht für seine Verbrechen verurteilt worden. Aber unerwartet ließen sie ihn laufen und setzten den Rabbiner, der allem Anschein nach unschuldig war, an seiner Stelle fest. Barabbas betrachtet den Gekreuzigten mit Unbehagen und Befremden. Er zweifelt, ob er ihn tatsächlich in einem Lichtschein hat stehen sehen, als sie sich im Innenhof des Gefängnisses trafen – er, um freigelassen zu werden, der andere, um an seiner Statt zu sterben. Vielleicht haben ihn seine Augen getäuscht, schließlich war er doch lange Zeit nur das Halbdunkel des Gefängnisses gewöhnt gewesen. Barabbas fürchtet sich, als der Gekreuzigte stirbt und im Augenblick des Todes der Himmel sich verdunkelt. Als er von Golgatha hinabsteigt, bedeutet einer von denen, die sich um den Gekreuzigten eingefunden haben, der Mutter, daß er der Mann sei, an dessen Stelle ihr Sohn hat sterben müssen. Sie betrachtet ihn mit Entsetzen. Damit beginnt die äußere Verfolgung des Barabbas. In Zukunft werden die Christen, deren Nähe er sucht, ohne zu wissen warum, ihn, sobald sie wissen, wer er ist, mit der gleichen Bestürzung und unnahbaren Ablehnung anschauen. Diese Reaktion deckt sich mit der des Chores auf König Ödipus, als sein Verbrechen offenbar wird.In diesem Moment weiß Barabbas gar nichts von alledem. Er geht in das Haus seiner Geliebten, um sich mit seinen Gefährten, den Bergbanditen zu treffen. Unterwegs begegnet er der Frau mit der Hasenscharte. Sie glaubte an den Meister und ist ihm überallhin gefolgt, auch nach Golgatha. Später wird sie gesteinigt, weil sie Zeugnis für ihn ablegt. Da sie zur gleichen Zeit wie Barabbas auf Golgatha ist, wohnen beide der Wiederauferstehung bei. Aber nur sie wird von den Wundern erfüllt sein und die Auferstehung des Meisters erkennen. Barabbas sieht nichts, er ist völlig verstört. Wie kam sie dazu, sich auf Barabbas einzulassen?

Barabbas war einige Zeit zuvor in die Berge geflohen, weil er an einem Bein verletzt war. Sie fand ihn und pflegte ihn. Obwohl sie wegen ihrer Hasenscharte entstellt war, sprach er ihr von Liebe, damit sie sich ihm hingebe. Er war krank und hatte eine Frau nötig. Als sie schwanger wurde, verstieß ihre Mutter sie und verfluchte die Frucht, die sie in ihrem Leibe trug: Das Kind kam tot zur Welt. Da hatte Barabbas sie schon verlassen. Als sie sich während des Abstiegs von Golgatha wiedertreffen, erwähnen sie ihre Vergangenheit mit keinem Wort. Barrabas befragt sie nach den Lehren ihres Meisters, die er nicht verstand. Bei der Wiederauferstehung Jesu spricht sie zu ihm: *«Liebet einander»;* das war alles oder zumindest das Wichtigste. Wieder ist Barabbas verwirrt, wieder versteht er nichts. Als sie gesteinigt wird, tötet er mit einem geschickten heimlichen Messerstich den Rasenden, der den ersten Stein gegen sie erhoben hat. Das war seine Art zu lieben und seine Dankbarkeit zu erweisen.

Es gibt zwei bedeutsame Themen im ersten Teil des Romans. Den Grad der Veränderungen, die Barabbas nach seiner Begegnung mit dem Meister durchgemacht hatte, verstehen wir über die Reaktion seiner Geliebten, der gewöhnlichen, dicken und bodenständigen Frau und über die seiner Freunde. Sie empfingen ihn mit Freude und Genugtuung, weil er es geschafft hatte, den Kelch an sich vorübergehen zu lassen. Aber er ist weder froh noch betrübt. Er scheint willenlos, ist isoliert und versunken in seine Gedanken. Was heißt *«Liebet einander»?* Wenn die anderen ihn nicht dazu drängen, trinkt er nicht, ißt er nicht, liebt er nicht. Seine Geliebte, die dicke Frau, hofft anfangs noch, daß mit jedem sexuellen Akt sich alles wieder füge. Aber nichts fügt sich, im Gegenteil. Barabbas wird mit jedem Mal wunderlicher und gleichgültiger. Die Frau vermutet, daß er verzaubert wurde und die Seele des gekreuzigten Rabbiners sich seiner bemächtigt habe. Schließlich verläßt er sie.

Das andere Thema zeichnet sich mit seiner Rückkehr von Golgatha ab, als jemand ihn der Maria zeigt. Barabbas beginnt, die Nähe der Christen zu suchen, er kennt Petrus und Lazarus, der aus dem Reich der Toten zurückgekehrt war. Hartnäckig befragt er sie, sie mögen ihn bekehren, aber es gelingt ihnen nicht. Obgleich die Christen eine leise, unbestimmte Abneigung gegen Barabbas verspüren, sind sie von seinem Eifer bewegt, zumal sie nach und nach aus ihm herausfragen können, daß er den Meister gekannt hat und einer der wenigen ist, die bei seinem Tod auf Golgatha dabei gewesen sind. Eines Tages erfahren sie, wer er wirklich ist: Barabbas, der Freigelassene. Da verfluchen sie ihn und jagen ihn fort.

Währenddessen hat die dicke Frau resigniert. Sie hat nichts mehr von ihm zu erwarten. Ihm ist nicht zu helfen. Barabbas verläßt das Haus, um bei der Steinigung der Frau mit der Hasenscharte dabei zu sein. Er sieht sie sterben und hört sie zu Gott sprechen. Doch der bleibt unsichtbar. In der Nacht holt er ihren Leichnam aus der Steinigungsgrube und trägt ihn in die Berge, um sie an der Seite des Kindes, ihres Sohnes, der gestorben war, weil seine Mutter ihn verflucht hatte, zu begraben.

Danach findet in den Bergen das Wiedersehen mit seinen Kameraden statt. Auch sie wundern sich über Barabbas und verstehen nicht, was mit ihm geschehen ist. Barabbas scheint ihnen unversehens ein Fremder geworden zu sein und die Freunde für ihn. Sie hatten sich gefreut, daß er am Leben geblieben war, schließlich war er ihr Anführer; nach seiner Rückkehr allerdings wird in ihnen bald der Wunsch wach, sich seiner zu entledigen. Barabbas war nach einem furchtbaren Streit mit Eliahu, dem alten und gefürchteten Bandenchef, ihr Führer geworden. Von dem Kampf behielt er die Narbe, die ihn ein Leben lang zeichnete. Barabbas stieß den Alten in einen Abgrund. Er wurde ihr Anführer, so stark, so grausam und so erfolgreich wie Eliahu es gewesen war – bis zu jenem Zwischenfall in Jerusalem. Da gibt uns Lagerkvist unerwartet den Schlüssel zu allem; er eröffnet ein Geheimnis, das niemand kannte, auch Barabbas nicht: das Geheimnis seiner Geburt. Als Barabbas den großen Bandenführer umbrachte, tötete er, unwissentlich, seinen eigenen Vater. Der war Jahre zuvor der Bandenführer gewesen, hatte eine Karawane überfallen, bei der auch eine junge Moabiterin mitgereist war. Er vergewaltigte sie, danach gab er sie an die anderen weiter. Als die Bande ihrer überdrüssig geworden war, verkaufte man sie an ein Bordell, aus dem sie sofort weggejagt wurde, als man bemerkte, daß sie schwanger war. Ich gebe wörtlich wieder, wie die Geburt von Barabbas erzählt wird: «*...und sie hatte ihr Kind auf der Straße geboren und war später tot aufgefunden worden. Niemand hatte gewußt, wessen Kind das war, und auch sie selber hätte es nicht sagen können – nur daß sie es in ihren Wehen verflucht und mit Haß gegen Himmel und Erde und gegen des Himmels und der Erde Schöpfer geboren hatte.*» Jetzt sehen wir Barabbas nachdenklich am Abgrund stehen. Der Autor fährt fort: «*Barabbas dachte nicht einmal an Eliahu, obwohl er gerade dort saß, wo er ihn hinuntergestürzt hatte. Er dachte stattdessen aus irgendeinem Grunde oder, richtiger gesagt, ohne irgendeinen Grund an die Mutter des gekreuzigten Erlösers, wie sie dagestanden und zu ihrem festgenagelten Sohn aufgeblickt hatte, zu ihm, den sie einmal geboren hatte.*» *(...)* «*Und also fuhren sie (seine Freunde, d. V.) fort, miteinander zu flüstern, wie überdrüssig sie seiner seien und wie wenig sie ihn mochten und je gemocht hätten. (...) Wie sollten sie ihn loswerden! (...) Doch als sie ihn suchten, an dem Platz, wo sie früher einmal Eliahu zerschellt gefunden hatten, fanden sie ihn nicht und überhaupt nirgends Spuren von ihm. Er war ganz einfach verschwunden.*»[2]

Halten wir ein wenig inne: Warum vergleiche ich Barabbas, dessen Geheimnis wir jetzt kennen, mit Ödipus? Das Verbrechen des Ödipus und sein tragisches Schicksal war, seinen Vater zu ermorden, ohne es zu wissen, und seine Mutter zu ehelichen. Die Strafe dafür war der Verlust seiner Augen, der Verlust seiner ehrlos gewordenen Familie und die Verbannung. Es ist sicher, daß Barabbas auch seinen Vater tötete, ohne seine Herkunft zu kennen, aber seine Mutter heiratete er nicht. Sie war ja bei seiner Geburt gestorben. Im Grunde war sein Schicksal schwerer als das des Ödipus, selbst wenn er sich des zweiten Verbrechens offenkundig nicht schuldig machte.

Wir treffen auf zwei Frauen im Roman, die die Mutter von Barabbas repräsentieren: die Frau mit der Hasenscharte und die Mutter des Herrn. Die dritte Frauenfigur, seine leibliche Mutter, starb bei der Geburt, sie hatte ihn, die Kreatur in ihrem Leibe, verflucht. Die Frau mit der Hasenscharte brachte ein totes Kind zur Welt, weil es von ihrer Mutter verflucht worden war. Auf diese Weise wird die hintergründige Identität der betrogenen, hasenschartigen Frau mit der vergewaltigten Moabiterin durch die Identität von Geburt und Schwangerschaft zum Ausdruck gebracht, und Barabbas, der der Geliebte der einen ist, ist Barabbas, der sich mit seiner eigenen Mutter sexuell vereinigt. Ödipus wird nach der Entdeckung seines Verbrechens mit der Kastration (denn das ist der tiefere Sinn der Blendung), dem Verlust seiner Familie und der Verbannung bestraft. Barabbas' Strafen sind nach der Wiederauferstehung auf Golgatha die gleichen: Er wird geschlechtslos. Nach der gescheiterten Beziehung zu seiner ehemaligen Geliebten, der dicken Frau, wird nichts erwähnt, was auf eine Beziehung zwischen Barabbas und einer Frau schließen ließe; er verliert seine Kameraden und schließlich, nachdem er auf eigenen Wunsch seine Bande, die Bergbanditen, verläßt, verliert er auch sein Reich.

Im zweiten Teil des Buches befindet sich Barabbas bereits in der Verbannung. Er ist ein neuer Ödipus. Aber er ist kein heidnischer Ödipus, denn er ist eng mit Christus verbunden. Barabbas und Christus sind gleich alt, erleiden den gleichen Tod, und in dem Maße, in dem Barabbas den Verbrecher, der keine Liebe kennt, verkörpert, repräsentiert der Meister, Christus, das Gute – die Liebe schlechthin. Barabbas und

Christus bilden einen Gegensatz wie den zwischen Gott und Teufel, die vorbildliche Güte des Meisters dient dazu, die Sünden von Barabbas zu negieren, seine Sünden wiedergutzumachen. So betrachtet sind sie zwei verschiedene Seiten ein und derselben Person. Die Beziehung zwischen Maria und der Moabiterin, der Mutter von Barabbas, ist auch gegensätzlich. Die vergewaltigte, gedemütigte und verlassene Moabiterin haßte und verfluchte die Welt, den Himmel, den Schöpfer und die Kreatur in ihrem Leib. Sie gebar nur Haß. Maria hingegen ist das Symbol für mütterliche Liebe und Heiligkeit und bildet damit sowohl Kontrapart wie Verneinung ihrer Gegenfigur.

Daß auch der Autor Barabbas im Grunde für Ödipus hält, sehen wir daran, wie er uns Barabbas schildert, nachdem er seinen Vater getötet hatte. Barabbas befindet sich am Ort des Verbrechens, erinnert sich jedoch nicht an die Ermordung seines Vaters, sondern denkt sehnsuchtsvoll an die Mutter des Meisters und an den Blick, mit dem sie ihren Sohn betrachtete. folgen wir weiter der Erzählung von Lagerkvist. Nachdem Barabbas die Banditen verlassen hat, hört man viele Jahre nichts von ihm, bis er eines Tages in den zyprischen Kupfergruben auftaucht, an jenem grausamen Ort, von dem kein Gefangener sich je befreien konnte und den man oft mit dem Reich des Todes verglich. Wir wissen nicht, ob er aufgrund neuer Vergehen dorthin gekommen war. Tatsache ist jedoch, daß er sich dort befindet, mit einer Kette an seinen Leidensgenossen Sahak gefesselt. Barabbas scheint gleichgültig wie immer zu sein, selbst seinem eigenen Leiden gegenüber. Sahak scheint vom Schmerz der Mißhandlungen und der auszehrenden Arbeit physisch völlig erschöpft zu sein, aber voller Wärme und Liebe. Als er erfährt, daß Barabbas den Meister gekannt hatte und auf Golgatha war, fühlt er sich auserwählt. Womit verdient er die große Gnade, an einen, der den

Herrn tatsächlich so nahe gesehen hatte, gefesselt zu sein? In seiner Glückseligkeit gelingt Sahak das Unglaubliche: Barabbas zu erleuchten. Barabbas wiederum behandelt Sahak mit sehr viel Sanftmut. Er bemerkt, daß Sahak sehr traurig wird, wenn sie auf die Ereignisse auf Golgatha zu sprechen kommen, und daß er mit großem Eifer zuhört, wenn es um jene Wunder geht, die Barabbas nicht fähig war zu erkennen. Da Barabbas sich in Sahaks Schuld fühlt, beschließt er, ihm nie zu entdecken, daß er der «*Freigelassene*» war. Nein, im Gegenteil: Barabbas geht noch weiter und macht sich die Visionen der hasenschartigen Frau zu eigen. Schließlich waren sie ja beide neben dem Grab des Herrn gestanden. Die hasenschartige Frau hatte jedoch eine Vision, in der ein Engel hinabgestiegen war und den Grabstein wegräumte, um die Auferstehung zu erleichtern. Dies bewegt Sahak, seine Sklavenmarke zu zeigen, auf deren Rücken die Initialen Gottes eingeritzt sind. Er, Sahak, gehörte nicht mehr dem römischen Staat, sondern war Sklave und Eigentum Gottes. Barabbas sehnt sich danach, zu glauben und macht sich deshalb den Glauben Sahaks zu eigen, so wie er vorher die Visionen der hasenschartigen Frau übernommen hatte. Er bittet Sahak, ihm die gleichen Initialen in seine Marke einzuritzen, eine Bitte, der dieser gerührt nachkommt. Währenddessen nähert sich ein Wächter, überrascht sie beim Beten und straft sie mit Peitschenhieben. So kam es dazu, daß Barabbas zum ersten Mal um des Meisters willen litt.

Dennoch gelingt es Barabbas noch lange Zeit nicht, seine Gleichgültigkeit zu durchbrechen. Seine Gebete werden seltener, er zieht sich mehr und mehr zurück, weil ihm bewußt wird, daß er keinen Glauben finden kann. Dann ereignet sich etwas Wunderbares. Ein neuer Wächter, der Sahak beim Beten überrascht, schlägt ihn nicht, sondern bittet Sahak, ihn zu belehren, was den Wächter zumindest soweit zu überzeugen vermag, daß er Sahak aus der Grube befreit und ihm eine leichtere Arbeit bei Tageslicht – im Reich der Lebenden – zuteilt. Sahak fordert von dem Wächter, auch Barabbas zu befreien, denn er gehöre demselben Gott.

Barabbas und Sahak bleiben auch weiterhin Sklaven, aber sie sind auf alle Fälle wieder ins Leben zurückgekehrt, leben wie andere Menschen auf der Erde und nicht in dem ständigen Dunkel – bis ihnen eines Tages die schwere Probe bevorsteht. Irgendjemand denunziert sie beim römischen Prokurator, der sie daraufhin zu sich rufen läßt. Er betrachtet ihre Sklavenmarken und verspricht, ihnen zu verzeihen, sofern sie die Inschrift entfernen ließen und dem römischen Staat Treue schwörten. Sahak zaudert nicht; er wird für seinen Meister Zeugnis ablegen und am Kreuz sterben. Barabbas hingegen willigt ein; ihm war bewußt geworden, daß er keinen Gott hatte und daß es sinnlos war, weiterzukämpfen.

Zum zweiten Mal wird Barabbas Zeuge einer Kreuzigung; wieder ist er der *«Freigelassene»*. Barabbas hatte es Sahak zu verdanken, daß er Christ geworden war, dank Sahaks Glauben entrann er der Grube, aber jetzt, wo der Glaube sie beide ans Kreuz bringen würde, verleugnet er den Herrn und Sahak, der den Todeskampf alleine durchstehen muß. Aber es gibt einen entscheidenden Unterschied zwischen dem, was Barabbas bei der ersten Kreuzigung und dem, was er jetzt empfindet. Als der Rabbiner mit dem Tod gekämpft hatte, war Barabbas ganz dabei, beobachtete alles sehr aufmerksam, aber mehr als unbehaglich fühlte er sich nicht. Auch jetzt beobachtet er den Tod des Gekreuzigten sehr genau, doch aus dem Unbehagen ist echtes Mit-Leiden geworden. Barabbas ist verwirrt, was da mit ihm geschieht. Er hat die gleichen Atemschwierigkeiten, den gleichen entsetzlichen Durst wie der Gekreuzigte. Dies ist kein Wunder, denkt er, war er doch lange Zeit an Sahak geschmiedet gewesen.

Hier endet, was man als zweiten Teil des Romans bezeichnen könnte. In ihm wird ein Teil des bereits bekannten Themas wiederaufgenommen und neu bearbeitet. Sahak nimmt die Stelle des Meisters ein, und Barabbas befreit sich. In diesem Teil gibt es weder Verbrechen noch sinnliche Liebe, und Barabbas ist nicht mehr derselbe. Er kann nicht mehr gleichgültig sein. Sahak ist es gelungen, ihn mit seinem Glauben, seiner Bewunderung und seiner Liebe zu beeinflussen und ihm beinahe die Bedeutung dessen verständlich zu machen, was ihm die Frau mit der Hasenscharte von dem neuen Glauben vermitteln wollte: *«Liebet einander»*. Aber um zu begreifen, mußte sich Barabbas die Visionen der hasenschartigen Frau, die ihn geliebt hatte, bevor sie ihre Liebe dem Meister zuwandte, zu eigen machen. Als er den Sinn der Sentenz beinahe versteht, empfindet er seelisches Leid. Ich insistiere auf dem Zusatz «beinahe», da Barabbas, wie wir später noch sehen werden, nie ganz den Sinn dieser Lehre verstehen wird. Die Wurzel dieser Unfähigkeit liegt in seiner Lebensgeschichte. Der Haß seiner Eltern hat sein Schicksal von vornherein besiegelt wie das des Ödipus, der wie Barabbas von seinen Eltern ausgesetzt worden war.

Dem römischen Prokurator war der vernünftige und einsichtige Barabbas sympathisch, da er ohne Protest eingewilligt hatte, die aufrührerische, selbstmörderische Inschrift zu entfernen. Kurz nach der Kreuzigung Sahaks rief man Barabbas erneut nach Rom, jetzt als persönlichen Leibeigenen des Prokurators. In Rom folgen wir dann dem letzten Akt der Tragödie. Barabbas lebt dort, ohne sich für die großartige Stadt zu interessieren und ohne sich jemandem anzuschließen. Er kommt seinen Verpflichtungen nach oder schlendert durch die von Leben erfüllten Straßen. Eines Tages folgt er zerstreut einer Prozession, betritt einen Tempel und sieht eine Statue: eine Mutter, die ihr Kind auf dem Arm hält. Es ist Isis und ihr heiliger Sohn Horus. Barabbas ist der einzige, der das nicht weiß. Mit seiner Frage, wen die Statue abbilde, lenkt er die Aufmerksamkeit des Tempelwächters auf sich, der ihn, nachdem er etwas Seltsames an Barabbas wahrzunehmen glaubt, aus dem Tempel hinauswirft. In der darauffolgenden Nacht träumt Barabbas von einem an ihn geschmiedeten Sklaven, der für ihn betet, und davon, daß sich ihm zum ersten Mal die Augen mit Tränen füllen. Offensichtlich hat der Anblick der Statue seinen schützenden, ohnehin bereits brüchig gewordenen Panzer aufgebrochen.

Einige Tage später hört Barabbas zufällig, wie zwei christliche Sklaven eine nächtliche Versammlung in den Katakomben, die in der Nacht stattfinden soll, verabreden. Bei Einbruch der Dunkelheit schleicht auch Barabbas dorthin, ohne daß er das nur einen Moment lang hätte überlegen müssen. Er geht in das Labyrinth, das ihm, wie früher die Kupfergruben, als Reich des Todes erscheint. Er irrt herum, trifft keine Menschenseele, weiß nicht, in welche Richtung er gehen muß, verliert die Orientierung und findet in der Dunkelheit auch den Ausgang nicht wieder. Als er es schon gar nicht mehr erwartet hatte, hat er wieder sicheren Boden unter seinen Füßen. Er geht durch die dunklen Straßen Roms; plötzlich kommen ihm Rauchschwaden entgegen. Er sieht Feuer und hört verzweifelte Schreie: «*Die Christen haben die Stadt angezündet.*» Barabbas ist einen Moment lang wie vor den Kopf gestoßen; dann glaubt er, alles zu verstehen. Die Christen haben Rom in Brand gesteckt, weil es eine verlorene, verdorbene Stadt war und weil die Stunde gekommen war, wie der von Golgatha es gefordert hatte. Jetzt bewies Christus seine Macht. Sie würden die ganze Welt in Flammen aufgehen lassen, und dann würde ER in seinem vollen Glanz zur Erde hinabsteigen. Barabbas würde ihm helfen. Er war kein Ausgeschlossener, kein Verräter mehr, sondern einer von ihnen, von denen, die *«einander lieben»*. Barabbas nimmt ein loderndes Scheit und schleudert es in das Fenster eines Erdgeschosses; danach noch eins und noch eins.

Das Erwachen war traurig, im Gefängnis, wo die Christen versammelt waren. Sie beteten gemeinsam und warteten auf das Urteil, auch wenn sie es schon im voraus kannten. Ein Wächter trat zu ihnen und schimpfte sie Brandstifter. Sie bestritten dies. Wie kämen sie, Schüler des Herrn, der die Liebe verkörpert, dazu, so etwas zu tun? Der Wächter spottete und zeigte ihnen den auf frischer Tat ertappten Barabbas, der sich selbst als Christ bezeichnet hatte. Sie waren wie vor den Kopf gestoßen und verstört, ohne zu wissen, wie das möglich gewesen sein soll. Schließlich klärte Petrus, der Barabbas seit der Kreuzigung des Herrn kannte, das Geheimnis auf: Er war Barabbas, der Freigelassene. Auch ihm erklärte er, daß er jetzt noch einmal, unwissentlich und ohne Absicht, dem wilden Tier, dem Cäsar selbst, seinem wirklichen Herrn – seine Sklavenmarke bestätige es – in die Hände gearbeitet habe und nicht dem Herrn, der die Liebe sei, und dessen Namen er beschmutzt habe. Von da an hörte Barabbas auf, sich den Christen zu nähern. Von fern hörte er, wie sie sangen, hörte, wie sie sich gegenseitig mit Zuversicht erfüllten und vom ewigen Leben sprachen. Dann ging alles zu Ende, und man brachte sie zur Kreuzigung. Auf dem Weg zur Kreuzigung gingen sie jeweils zu zweit, aneinandergekettet. Weil ihre Zahl nicht aufging, folgte Barabbas als letzter, alleine. Noch während der Kreuzigung sprachen sie sich Mut zu, bis einer nach dem anderen starb. Barabbas war auch der letzte, der starb. Als er den Tod, vor dem er sich immer so gefürchtet hatte, nahen fühlte, sagte er in das Dunkel hinein, als spreche er zu ihm: *«Dir befehle ich meine Seele an!»* Dann gab er seinen Geist auf.

II. Barabbas und der Ursprung einer Religion

Ich werde jetzt einen besonderen Aspekt des Romans analysieren: die Beziehung zwischen Barabbas und Christus im Hinblick auf die Religion. Nachdem ich *Barabbas* gelesen und mich ein wenig von der ersten und unmittelbaren Wirkung befreit hatte, begann ich nachzudenken. Mir gingen viele Fragen durch den Kopf, z. B.: Worin besteht das Band zwischen Christus und Barabbas? Welche Rolle spielt es in dem christlichen Drama? Wer ist die zentrale Figur des Romans, Christus, dessen Tod wir am Anfang miterleben, der bis zum Schluß präsent bleibt, oder Barabbas, eine an sich unbedeutende Figur, die wir aber über weite Strecken ihres traurigen Lebens- und Leidensweges begleiten? Überdies beginnt der Roman mit der Kreuzigung Christi und endet mit der des Barabbas. Der Roman spielt zwischen diesen beiden Ereignissen, das Geschehen ist darin auf ästhetische Art und Weise eingebettet; keine Erzählung führt uns hinaus, mit Ausnahme der Geschichte von der Liebschaft zwischen Barabbas und der hasenschartigen Frau, sofern man diese überhaupt als solche bezeichnen kann, und die wie die modifizierte Wiederholung einer anderen, wichtigen Ausnahme anmutet: der Schilderung von Barabbas' Herkunft und dem Mord an seinem Vater Eliahu. Trotzdem scheint es, als ob für den Autor genau in dieser Schilderung das Kernstück des ganzen Dramas liegt. Deshalb beschreibt Lagerkvist wieder und wieder die Narbe von Barabbas mit all ihren Veränderungen, eine Narbe, die er trägt, wie Kain sein Mal trug. Damit werden wir ständig daran erinnert, daß Barabbas kein Kind der Liebe war, sondern Kind des Hasses zweier Menschen und des Hasses auf die ganze Welt.

Aber was bindet Barabbas, der wegen seiner tragischen Abstammung so ist, wie er ist, den Sklaven und Banditen an

Christus, das Symbol der Liebe, den Gründer einer der wichtigsten und entwickeltsten Religionen.

Freud widmet sich in *Totem und Tabu* dem Totemismus, seiner Meinung nach der Urform aller Religionen. Die Ursprünge des Totemismus verlieren sich in der Vorgeschichte der Menschheit. Wie konnte er entstehen? Nach Darwin ist die primitivste Form menschlichen Zusammenlebens die sogenannte Urhorde, d. h. eine Gruppe von Menschen, die von einem übermächtigen und gewalttätigen Urvater beherrscht wird, der in seiner Eifersucht alle Weibchen für sich reserviert und seine männlichen Nachkommen in dem Maße, wie sie heranwachsen, vertreibt. Freud gelangt nach eingehendem Studium des Totemismus und verschiedener damit eng in Verbindung stehender Tabus zu der Feststellung, daß man das Urdrama als die Transformation der Urhorde in einen exogamen und matrilinearen Verband zu rekonstruieren habe, der von der übermächtigen Vaterfigur befreit ist. Dieser Typ Gesellschaftssystem exisitiert in einigen Teilen der Welt auch heute noch. Freud zufolge versammelten sich die vom Vater vertriebenen Söhne und Brüder eines Tages, vielleicht unter der Führung des Stärksten und Schlauesten von ihnen, töteten den Vater und aßen seinen Kadaver. Sie aßen ihn, um kräftig und potent zu werden, denn im allgemeinen versucht der Menschenfresser sich durch den kannibalischen Akt die Eigenschaften anzueignen, die er seinem Opfer zuschreibt. Nicht nur der Haß auf den Vater, sondern auch die von ihm geweckte Liebe und Bewunderung ließ sie Kannibalen werden; aber sie verzehrten den Vater auch, weil neben dem Haß der Vater auch Liebe und Bewunderung ausgelöst hatte. Indem sie ihn aßen, zerstörten sie ihn und eigneten sich seine Fähigkeiten an, aber sie gewannen ihn auch für ihr Inneres zurück. Nach dem kollektiven Verbrechen und dem Triumph, der sich in dem kannibalischen Fest äußert, kommen

Schmerz, Sehnsucht nach dem Vater und Schuldgefühle auf. Die Reue über das Verbrechen ließ sie den Beschluß fassen, es niemals zu wiederholen. In ihrer Wehmut schufen sie ein Totemtier, erklärten es zum Symbol und Repräsentanten des Vaters und trafen dabei die Abmachung, daß keiner der Brüder das Recht habe, das Totemtier zu berühren. Aber um dem Akt ihrer Unabhängigkeit gedenken zu können und ihre Bande zu stärken, erlaubten sie, daß einmal im Jahr und unter gewissen Einschränkungen das Totemtier getötet werden dürfe, vorausgesetzt, daß alle Brüder an diesem Akt beteiligt und von der verbotenen Mahlzeit essen würden. So konnte ihre Sehnsucht nach dem Vater befriedigt und die ihnen gemeinsame Bande – in Erinnerung an ihre alte Schuld – verstärkt werden. So entstand die Totemmahlzeit und der Totemismus, den Freud als Ausgangspunkt für alle sozialen Organisationsformen, moralischen Restriktionen und Religionen betrachtet. Die christliche Kommunion interpretiert Freud demzufolge als Wiederholung dieses ursprünglichen Festes.

Was aber geschah mit den Frauen, Müttern und Schwestern, nachdem der eifersüchtige Vater getötet worden war? Im ersten Moment entstand Verwirrung. Dann wurden sich die Brüder bewußt, daß sie Gefahr liefen, ihre eigens gemachten Eroberungen durch ihre Eifersucht und Leidenschaft zu zerstören, wenn sie nicht auf die Frauen verzichteten. Die Frauen wurden mit Tabu belegt, der Inzest zu einem gegen die Gesellschaft gerichteten kriminellen Akt erklärt. Auf diese Weise enstand die Exogamie.[3]

Der Ursprung der Religion wäre also auf die Ermordung des Vaters, den daraus erwachsenden Schuld- und Liebesgefühlen, den Wunsch, den Vater wieder zum Leben zu erwecken, sowie auf die Solidarität der Brüder untereinander zurückzuführen. Die Weisung «*Liebet einander*» ließe sich aus der gemeinsamen Identifikation mit dem Verbrechen, den gemeinsamen Gewissensbissen und dem Beschluß zum Verzicht auf die Frauen ableiten.

Bislang haben wir uns im Bereich der hypothetischen Annahmen bewegt, indem wir Ereignisse aus der menschlichen Vorgeschichte betrachtet haben. Freud blieb aber nicht dabei stehen; er wandte die Erkenntnisse auf die zwei großen Religionen unserer Kultur an: auf das Christentum und die jüdische Religion. Christus, so folgert Freud, opferte sein Leben, um die Menschen von der Erbsünde des Mordes zu erlösen. Gemäß dem Gesetz der Talion – in der Bibel *«Auge um Auge, Zahn um Zahn»*, – kann ein Mord nur mit dem Opfer eines anderen Lebens gesühnt werden. Und wenn dann das Opfer des eigenen Lebens zur Versöhnung mit Gott–Vater führt, kann das Verbrechen, das es zu sühnen gilt, nur der Vatermord sein. In keiner anderen Religion bekennt die Menschheit ihre Schuld, die aus dem ursprünglichen Verbrechen herkommt, deutlicher als im Christentum: Hier kann nur durch das Opfer des Sohnes ausreichend Sühne gefunden werden. In seinem letzten Werk *Der Mann Moses und die monotheistische Religion* hält Freud daran fest, daß eine wichtige Ursache des Antisemitismus die Tatsache ist, daß die Juden, wie beispielsweise Barabbas, die Erlösung durch den Tod Christi nicht für sich in Anspruch nehmen wollten und weiterhin leugneten, den Vatermord begangen zu haben.[4]

Freud spricht in dem Zusammenhang von unvergänglichen Spuren, die das Verbrechen in der Menschheitsgeschichte zurückgelassen habe. In dem Roman repräsentiert Barabbas die sich der Erlösung widersetzenden Juden und deren Versuch der Sühne. Der Roman ist eine künstlerische Verarbeitung des Verbrechens und ein Versuch der Sühne. Nach einer gründlichen Analyse kommt Freud zu der Annahme, daß die Geschichte Christi als die Verarbeitung und

Folge des von der Urhorde am Vater begangenen Mordes zu betrachten sei. Lagerkvist schildert uns fast gleichzeitig und in ganz engem Zusammenhang damit das Opfer Christi und das Verbrechen Barabbas', der mit den Banditen – der Urhorde – zusammenlebt und seinen tyrannischen Vater in ihrer Anwesenheit, d. h. mit ihrer Komplizenschaft tötet. Er ersetzt ihn eine Weile, um aber nachher, als er geht, die Brüder ohne einen Vaterersatz zurückzulassen. Wir erleben beide Etappen der Tragödie zu gleicher Zeit: durch Barabbas das Verbrechen, durch Christus die Versöhnung. Beide Protagonisten sind miteinander verbunden. Der eine ist Teil des anderen, ohne daß man sofort den Grund erkennen könnte. Barabbas, der wegen eines Verbrechens Verurteilte, wird freigelassen, weil Christus an seine Stelle tritt. Wie aber ist es möglich, daß Christus seinen Platz einnimmt, was verbindet die beiden? Später wird die Verbindung wiederholt, als Barabbas und Sahak aneinandergeschmiedet sind, als sie beide dank Sahak befreit werden und nur Sahak stirbt, während Barabbas sich von neuem befreit. Schließlich wird dann die Einheit der drei Figuren durch ihr gemeinsames Schicksal vollzogen. Barabbas bleibt an Christus und Sahak gefesselt und stirbt wie sie am Kreuz. Der Mörder Barabbas und das Opfer Christi bilden eine Einheit, die in ihrer Gegensätzlichkeit die zwei Seiten einer Person verkörpern, die des Sohnes angesichts des Vaters.

Ein Kind glaubt, daß sein Haß und seine Liebe omnipotent sind. Wenn es haßt, meint es, das gehaßte Objekt zu zerstören, denn es verwechselt Phantasie und Realität. Dies bekümmert es solange nicht, bis es sich bewußt wird, daß das zerstörte Objekt – zunächst die Brust der Mutter, später die Mutter selbst, der Penis des Vaters und der Vater selbst – auch das geliebte Objekt ist. Aus dem Grund kann auch das, was Freud für die Urhorde beschrieben hat, geschehen. Die Söhne haben den Vater umgebracht, weil sie ihn haßten; als der Haß befriedigt war, wurden sie sich auch ihrer Liebe zum Vater bewußt. Schuldgefühle und Trauer überwiegen demzufolge. Ein Kind versucht die Trauer um das getötete Objekt zu vermeiden. Es weicht ihr aus, wenn es ihm gelingt, das ursprüngliche Bild zu spalten. Es schafft das Bild einer guten Mutter, die das Kind liebt und die wiedergeliebt wird, und das einer bösen Mutter, unter der es leidet, die aber ohne Schuldgefühle attackiert werden kann. Diese Aufspaltung ist ein für das Kind bedeutsamer psychologischer Prozeß, der in schwächerem oder stärkerem Ausmaß unser ganzes Leben durchzieht. Er ist in vielen Bereichen, auch in der Religion, offenkundig. In der Religion wird alles Gute auf Gott, alles Böse auf den Teufel projiziert. In dem Roman *Barabbas* repräsentieren Gott-Vater und Christus, in seiner Eigenschaft als Meister, den guten Vater, Eliahu hingegen den bösen. Auch die Sohnfigur erleidet eine Spaltung; Christus als Opfer ist der gute Sohn, der den Vater liebt und versucht, die Schuld seiner anderen – der bösen Seite – zu sühnen, und Barabbas repräsentiert den bösen Sohn, der durch den Haß seiner Eltern verdorben wurde. Wie die Güte unserer Eltern die Liebe und das Gute in uns weckt und uns dankbar und liebesfähig macht, so verstärken andererseits Eltern wie Eliahu und jene Moabiterin, die die Kreatur in ihrem Leib verfluchte und nur Haß gebar, den Part des Barabbas, das Böse und Mörderische in uns. Die ideale Mutter, die voller Liebe für ihr Kind ist, wird im Roman von Maria personifiziert, die schlechte Mutter ist die Moabiterin. Komplizierter ist die Funktion der Frau mit der Hasenscharte: Zu Beginn führt das der Moabiterin ähnliche Schicksal zu einer Ähnlichkeit der beiden Frauen, doch alles in allem erfuhr sie mehr Liebe als jene oder Barabbas. Deshalb schlägt sie sich später auf die Seite von Barabbas, die in der Lage ist, gerettet zu werden.

Wie schon gesagt, weicht das Kind mit Hilfe der Aufspaltung seiner Bilder in gute und böse dem Schmerz aus. Es befindet sich dann in einem statischen Zustand, hat keine Schuldgefühle so wie Barabbas nach dem Mord an seinem Vater. Es war sicher, daß er ihn getötet hatte, doch war sein Opfer es nicht wert, Schuldgefühle zu empfinden. Der psychologische Konflikt kommt erst dann zum Tragen, wenn die Trennung in Gut und Böse nicht mehr aufrechtzuerhalten ist, eine Annäherung der beiden Werte stattfindet und sie in eins verschmelzen. Diese Annäherung erlebte Barabbas während der Ereignisse auf Golgatha.

Für ihn verschmelzen Christus und Eliahu zu einer Gestalt. Bis jetzt haben wir Barabbas nur von der einen Seite betrachtet, als die böse Seite von Christus. Jetzt werden wir ihn als ganzen Menschen, der eine Entwicklung durchmacht, analysieren. Wir wissen nur wenig von seiner Geschichte, von seinen früheren Erfahrungen: Seine sexuelle, aber gefühllose Beziehung zu der dicken Frau; seine lieblose Vaterschaft und die Totgeburt der hasenschartigen Frau; wir erfahren, daß er unwissentlich seinen eigenen Vater tötete. Wir wissen, daß Barabbas' Geburt seiner Mutter das Leben kostete, aber wir wissen nicht, wie er überleben konnte. Nichtsdestotrotz wurde er stark und wild, er muß wirkungsvolle Abwehrmechanismen gehabt haben, die ihm ein Überleben ermöglichten. Seine Abwehr bestand bis zur Begegnung mit dem Herrn in dem Fehlen von Gefühlen. Auch wenn sie selten dieses Ausmaß erreicht, ist uns diese Form der Abwehr von unseren Analysanden wohl bekannt. In der Fachsprache bezeichnen wir sie als Gefühlshemmung und Gefühlsblockierung, die als Schutzmechanismus gegen Schuldgefühle und Schmerzen fungiert. Wer sich diese Form des Schutzes zu eigen macht, ist in seinem Bewußtsein weder von Leid noch von Angstzuständen geplagt, aber er zahlt einen hohen Preis dafür, denn es wird ihm dann auch unmöglich, die schönen Seiten des Lebens zu erfahren. In dem Roman wird nur einmal beschrieben, wie Barabbas lächelt, und nur ganz zum Schluß, als sein Abwehrmechanismus zusammenbricht, kann er im Schlaf weinen. Der Autor sagt uns einige Male, daß die Augen von Barabbas voller Haß glänzen, doch er gibt uns zu verstehen, daß Barabbas sich dessen nicht bewußt ist und daß aus ihm letztlich nicht sein eigener, sondern der Haß seiner Eltern spricht. Barabbas vermag weder zu erkennen, daß es Liebe war, die ihn denjenigen, der den ersten Stein gegen die hasenschartige Frau erhob, hat töten lassen, noch weiß er, daß diese Liebe ihn dazu brachte, ihren Leichnam eine Nacht lang zu tragen, um sie neben ihrem toten Kind begraben zu können. Weder liebt noch haßt Barabbas wissentlich, und das bedeutet, psychologisch betrachtet, daß er auch nicht lebt.

Wie kam Barabbas zu dieser Form der Abwehr? Er selbst war Frucht des Hasses, von seiner Mutter im Mutterleib verflucht, genauso wie sein eigener Sohn. Doch während der Haß seinen Sohn getötet hatte, kam Barabbas tötend zur Welt. Seine erste Erfahrung war, daß er, um zu überleben, andere töten mußte und daß er so schlecht war, daß jeder, der mit ihm in Kontakt kam, sterben mußte. Aus diesen Gründen, aus dem Haß heraus, der über ihn gekommen war, und der eigenen Destruktivität, durfte er mit niemandem eine emotionale Bindung eingehen, schon gar nicht zu den Personen, die ihm ein bißchen Milch und Zuneigung entgegenbracht hatten. Er bekam als Kind diese Milch und später die Liebe, und er verschloß sie sorgfältig tief in seinem Inneren, damit sein Haß sie nicht vergiften konnte. Ich sagte schon, daß ein Kind die Brust der Mutter, Mutter und Vater, in Gut und Böse aufspaltet, um nicht das Gute zu zerstören, wenn es haßt. Bei Barabbas blieb diese Trennung bestehen und verfestigte sich. Das wenige Gute, das ihm zuteil geworden war, war fest verschlossen und tief in seinem Innern vergraben. Notgedrungen mußten auch die schlechten Erfahrungen, die Erinnerung an seine verstorbene Mutter verdrängt werden, mußten getrennt werden von der Vorstellung einer guten Mutter, die ihm doch das Leben geschenkt hatte und der er durch seine Geburt das Leben genommen hatte.

Deshalb konnte er nicht leben, genießen und weinen wie alle anderen, Schuldgefühle haben, sich über sein Dasein als Waise beklagen und sich nach Eltern sehnen; hätte er all dies zugelassen, so hätten sich das Gute und das Böse in ihm verbunden, er wäre sich seiner Schlechtigkeit bewußt geworden und hätte ihretwegen Schuldgefühle gehabt. Er hätte Angst gehabt, weil das wenige Gute Gefahr gelaufen wäre, absorbiert und von dem Bösen zerstört zu werden, und weil er seine Schlechtigkeit kannte, hätte er daran gezweifelt, das Gute, das er zerstört hatte, erneuern zu können.

Barabbas ließ sein Inneres erstarren und hielt auf diese Weise die Trennung von Gut und Böse aufrecht, um das, was er in sich trug, unerreichbar zu machen. Auch was von außen auf ihn eindrang, interessierte ihn erst nach seiner Begegnung mit dem Meister, die eine Begegnung mit der Liebe war. Barabbas, der Mörder, war zu Tode verurteilt worden. Er wunderte sich nicht darüber, er war kein Mensch, der Verzeihung oder Milde erwartete. Als er dann zur Kreuzigung geführt werden sollte, ließ man ihn plötzlich frei. Sie sagten ihm, ein anderer würde an seiner Stelle sterben. An seiner Stelle? Warum? Irgendein Unbekannter schenkte ihm etwas: sein Leben. Barabbas versteht das nicht. Zum ersten Mal ist er erstaunt. Er sieht den Meister und erkennt, daß er kein Verbrecher sein kann, der den Tod verdient, der ursprünglich ihm bestimmt war. Der Meister bleibt ruhig, er verflucht Barabbas nicht, obwohl dessen Befreiung ihm das Leben kostet, wie damals seine Geburt der Mutter das Leben gekostet hat. Barabbas bemerkt einen Lichtschein um die seltsame Erscheinung, doch sofort leugnet er vor sich selbst das Gesehene. Sich darauf einzulassen, wäre zu gefährlich. Gleichwohl empfindet er die Notwendigkeit, dieses Ereignis zu verstehen. Er folgt dem Trauerzug und gelangt auf Golgatha. Dort ist er Zeuge der Offenbarung, die für ihn schon beim Verlassen des Gefängnisses sichtbar wurde: Der Rabbiner stirbt an seiner Stelle, im Kreis seiner Freunde, die ihn lieben und mit ihm leiden, entschlossen und ergeben in sein Schicksal, ohne ihn dafür zu hassen. Wer hätte wohl Barabbas bei seiner Kreuzigung beigestanden? Nur in diesem Moment wird Barabbas sich bewußt, daß er Eliahu ermordet hat. Und er sieht, daß eine Mutter wegen des freiwilligen Todes ihres Sohnes leidet, ohne ihn wegen des Leids, das er ihr antut, zu verfluchen. Einen Augenblick ist es so, als ob ihm seine eigene Mutter verziehen hätte oder ihm hätte verzeihen können. Erst jetzt und nur für eine kurze Zeit begreift er, daß er seine Mutter getötet hat, und von da an weiß er vage, obgleich er es auch nicht weiß, daß er den Tod in sich trägt.

So kommt es in dem Roman immer und immer wieder vor, daß das Reich des Todes – die Grube, die Katakomben – genauso in Barabbas gegenwärtig ist wie die hasenschartige, gesteinigte Frau mit ihrem toten Sohn. Das Wissen um seine toten Objekte führt bei Barabbas auch zum Wissen des eigenen Todes. Aus diesem Grund ist er auch der Sohn der hasenschartigen Frau, der lebende Tote der Grube oder der Katakomben; er, als Toter, in dem Inneren einer toten und vom Haß zerfressenen Mutter. Christus hingegen, dem verziehen wird, weil seine Mutter ihn liebt, ist Symbol für das Leben; er ist es, der Lazarus aus dem Reich des Todes befreit und aus seinem eigenen Grab wiederaufersteht.

Barabbas war auf Golgatha gewesen und erlebte die Offenbarung. Er konnte sie nicht annehmen, denn das hätte bedeutet, den Tod zu akzeptieren, den er in sich trug. Daher konnte er den Christen auch nicht folgen. Aber auch andere hatten Kontakt zu Christus. Weder die Hebräer noch die Römer schlossen sich ihm an und vergaßen ihn bald. Aber auch dieser Weg war für ihn nicht gangbar, weil er, ob er wollte oder nicht, an Christus gebunden war, hatte dieser ihm doch das Leben geschenkt und waren die Jünger Christi doch die einzigen, die ihn bei ihrem ersten Zusammentreffen herzlich aufgenommen hatten. Barabbas sehnt sich so sehr danach, dem Reich des Todes zu entrinnen, deshalb spricht er so ausführlich mit Lazarus und fragt die Christen immer und immer wieder nach ihrem Geheimnis und ihrem Glauben.

Einige folgten Christus. Sie hatten keine Angst, ihre Schuld auf sich zu nehmen, weil diese Schuld nicht so groß war und weil sie darauf vertrauten, daß Christus sie erlösen würde. Sie idealisierten ihn und opferten sich für ihn, weil sie an ihn glaubten. Von den anderen, die ihm begegneten, waren es die Juden, die ihn auslieferten, und die Römer, die ihn kreuzigten, aber es gab keinen, der sich an ihn gebunden hatte. Christus korrespondierte nicht mit ihrer inneren Konstellation, sie konnten ohne ihn leben. Wer aber in sich sehr böse Objekte trägt, bedarf eines Ideals, um die eigene Schlechtigkeit zu leugnen und um das Ideal der eigenen Schlechtigkeit und der der bösen Objekte zu kontrastieren. Wenn diese Schlechtigkeit sehr groß ist, werden die durch das Ideal geweckten Gefühle blockiert, man verwandelt sich in einen lebenden Toten, oder man lebt, idealisierend, und gerät in die gleiche Abhängigkeit von dem idealisierten Objekt, in der sich der Fötus gegenüber der Mutter, die ihn mit Hilfe der Nabelschnur am Leben erhält, befindet.

Die Abhängigkeit entsteht dadurch, daß das wenige unerläßliche Gute, das jeder besitzt, auf das Ideal projiziert und von ihm völlig absorbiert wird. Der Mensch fühlt daher eine absolute Leere in sich, und all sein Streben richtet sich darauf, das Ideal, von dem das eigene Leben abhängt, zu erhalten. Melanie Klein spricht in dem Zusammenhang vom idealisierten Objekt, das unter gewissen Umständen – wenn es vom Ich nicht assimiliert werden konnte – zum Verfolger desselben wird und bewirkt, daß das Ich zur bloßen Schale wird, die dazu bestimmt ist, das Ideal zu schützen. Das war Barabbas widerfahren. Er erklärte sich den Lichtschein um das Haupt Christi aus dem Kontrast zwischen der Dunkelheit des Gefängnisses und der Helligkeit der Sonne. Es war vielmehr der Kontrast zwischen seiner inneren Finsternis und dem glänzenden Ideal, das von ihm seine völlige Hingabe forderte, um nicht an Glanz zu verlieren. Doch Barabbas war dazu nicht fähig, weil sein Ideal aus der Spaltung des ersten Objekts entstanden war und im Grunde Teil des in ihm paralysierten Bösen wurde. So nahm Barabbas es wahr; deshalb fürchtet er es und kann kein Vertrauen entwickeln. Außerdem kann er das Ideal nicht lieben: wenn er liebt, dann tötet er. Das Ideal ist zudem so unerreichbar, daß es notwendig war, daß er ihm ähnlich wurde, um sich nicht völlig verachtet und verstoßen zu fühlen. So wunderbar erscheint ihm das Ideal, daß es seine Begierde weckt, es zu seinem Eigentum zu machen, obgleich er es vergiftet und zerstört. Das Ideal, das an das Böse in ihm eng gebunden ist, schützt sich und flieht vor ihm, indem es ihn verfolgt. Indem es seine Begierde ergreift, verschlingt es ihn.

Barabbas ist sich der Gefahr von Anfang an bewußt. Seine erste Reaktion besteht in der Leugnung des Wunders und dem Wiedereinsetzen der Gefühlshemmung. Aber Barabbas ist verloren, nachdem er das Ideal einmal gesehen hat. Der Kampf zwischen Barabbas und seinem Ideal zieht sich durch das ganze Buch. Barabbas versucht es zu leugnen, es von sich wegzuschieben oder sich in Liebe mit ihm zu verbinden –

doch ohne sich dessen bewußt zu sein, ist er letztlich dazu gezwungen, sein Ideal an sich selbst anzugleichen, es zu zerstören, und dabei wird er selber von seinem Ideal zerstört.

Betrachten wir noch einmal kurz die verschiedenen Etappen seines Kampfes für und gegen das Ideal. Es erscheint zum ersten Mal, als Barabbas Christus am Kreuz sieht und Maria zu seinen Füßen. Damit wird in Barabbas die Erinnerung an den Vatermord und an das seiner Mutter zugefügte Leid geweckt; doch jetzt sind es nicht mehr verachtenswerte, sondern gute und idealisierte Objekte, die ihn, obgleich ihr Leiden einzig und allein von Barabbas verursacht wurde, weder angreifen noch anklagen. Barabbas nimmt jetzt, wenn auch nur unbestimmt, wahr, daß er etwas Wertvolles und Gutes zerstört hat. Das ist der Grund, warum ihm auf dem Rückweg nach Jerusalem, bei dem Wiedersehen mit der dicken Frau und den Kumpanen, elend zumute ist. Er bleibt völlig verschlossen, ißt und trinkt nicht und zeigt keinerlei Freude über seine Rettung. Dann kommt sein erster Leugnungsversuch. Nur einmal schreibt Lagerkvist, wie Barabbas lacht, mit Genuß trinkt und die dicke Frau begehrt: Als sie und seine Gefährten bestätigen, daß es weder eine Finsternis noch einen Lichtschein gegeben, d. h. daß es weder ein Ideal noch eine Offenbarung gegeben habe. Doch schon wenig später, nachdem er mit der dicken Frau geschlafen hatte, kommen ihm wieder Zweifel. Sollte es wirklich keine Finsternis gegeben haben, sollte kein Wunder geschehen sein? Jetzt beginnt das Ideal sich seiner zu bemächtigen. Er begibt sich auf die Suche nach den Christen und trägt ihnen seine Zweifel vor. Als Petrus ihm erklärt, daß ihr Meister tatsächlich unschuldig gestorben sei und sie alle dafür die Schuld trügen, zeigt sich Barabbas tief beeindruckt. Petrus nimmt die Schuld auf sich, die Barabbas unterdrückt, dennoch gelingt es Barabbas, den Kontakt zu Petrus aufrechtzuerhalten und ihn zu beruhigen, da er ihm versichert, daß der Meister ihm verziehen habe. Indem er Petrus mit sich identifiziert und sich selbst mit dem Meister, dem Ideal, gelingt es Barabbas, sich für kurze Zeit von der Verfolgung durch das eigene Ideal zu befreien. Dies nimmt ein jähes Ende, als die Christen eintreffen, die auf Golgatha Zeugen gewesen sind und ihn zwingen, seine wahre Identität anzunehmen, die des verfluchten Barabbas, und als sie ihn meiden. So wird er in seinem Inneren von dem Ideal verfolgt, in der Welt weist er es zurück und flieht vor ihm.

Wenn Barabbas das Ideal akzeptieren und Christ werden wollte, müßte es ihm gelingen, von seinen zerstörerischen Vorhaben abzusehen, es würde auch bedeuten, die Verachtung durch die Christen zu ertragen und jene Schuld auf sich zu laden, die sie ihm zur Last legen und der er sich selbst in seinem Inneren bezichtigt. Dies wäre grausam, deshalb war es besser, die Existenz des Ideals zu leugnen. Wie schön wäre es andererseits, wenn das Ideal wirklich existierte. Barabbas sieht sich gezwungen, die Wahrheit herauszufinden. Er wohnt der Auferstehung bei, erkennt jedoch nichts, spricht mit der hasenschartigen Frau darüber, vermag aber auch sie nicht zu verstehen. Barabbas versteht gar nichts mehr. Seine äußere Konfusion resultiert aus jener Verwirrung, die in seinem Inneren entstand, als die Werte des Guten und des Bösen, bis dahin streng und sorgfältig voneinander getrennt, sich zu vermischen beginnen. Barabbas sieht das Ergebnis voraus; um sich vor dem Zerstörerischen in seinem Inneren zu schützen, würde sich das Ideal völlig seiner Person bemächtigen, nach außen hin aber, für die Jünger Christi, die diesem Ideal folgten, würde Barabbas aber zum Symbol des Bösen schlechthin. Er reagiert wieder mit der Gefühlshemmung und -lähmung. Vorher macht Barabbas noch einen letzten Versuch, sich vor seinem Ideal zu rehabilitieren, indem er den Mann tötet, der bei der Steinigung der hasenschartigen Frau den ersten Stein gegen sie geworfen hat, und indem er ihren Leichnam zur Grabstätte ihres Sohnes trägt, um sie dort zu vereinen. Durch einen Mord versucht er seine Liebe zu zeigen, andere Mittel und Wege kennt er nicht. Mit dem Akt der Vereinigung der Mutter mit ihrem toten Sohn gibt Barabbas auch Maria ihren Sohn Christus, den er ihr geraubt hatte, zurück und vereinigt sich mit seiner Mutter, der Moabiterin, die er bei seiner Geburt getötet hatte.

Die Gefühlshemmung bleibt, und Barabbas ist für seine alten Gefährten ein Fremder geworden. Er hat jeglichen Kontakt zu ihnen, die vor seinem Weggang seine Familie, seine Welt waren, verloren.

Danach folgt die Episode mit Sahak. Hier finden wir Barabbas an Sahak – der Verkörperung seines Ideals – geschmiedet; sein Leidensweg und seine Trauer beginnen. Aber er kann lange Zeit nicht lieben und leiden, da das wenige, dazu noch tief in seinem Inneren verschlossene Gute ihm nicht genügend Rückhalt bietet. Von neuem verrät er den Meister, verrät Sahak und leugnet, als er sich die Inschrift entfernen läßt, auch sein Ideal, er wiederholt damit den Mord an dem Vater. Dennoch hat Barabbas sich verändert, weil er bei der Kreuzigung von Sahak leidet. Er ist nicht mehr überall ein Sonderling.

In dem Maße, in dem das Gute in Barabbas aufgezehrt wird, beginnt auch sein Panzer brüchig zu werden, seine Kraft, die inneren Objekte getrennt voneinander zu halten, schwindet. Als er in dem Tempel in Rom die Mutter mit dem Kind auf ihren Armen sieht, eine Darstellung von Isis mit ihrem Sohn Horus, bricht seine innere Abwehr zusammen. In der Nacht träumt Barabbas davon, wieder an einen Sklaven geschmiedet zu sein, der ihm sagt, daß er für ihn bete, und Barabbas Augen füllen sich im Schlaf mit Tränen. Daß Barabbas dergleichen zu träumen vermag, weist darauf hin, daß er nicht mehr nur die Personifizierung des Bösen darstellt, sondern wie seine Mitmenschen fähig ist, zu leben und zu lieben.

Kommen wir nun zu Barabbas letztem Versuch, das zu realisieren. Barabbas verirrt sich in den Katakomben und kann allein den Ausgang nicht finden. Nach wie vor leugnet er seine Einsamkeit und Schuld und legt, im Glauben, daß er endlich sich mit seinem Ideal vereint habe, von einem wahnhaften Triumphgefühl besessen, die Stadt Rom in Brand. Dieses Mal wird er den Meister nicht verraten, zum ersten Mal verstehen sie sich wirklich, das Ideal schwebt nicht mehr unerreichbar über ihm, nein, es ist wie er, und Barabbas kämpft dafür mordend und brandstiftend. Barabbas liebt sein Ideal, trotz seiner Bösartigkeit, denn es ist wie er.

Im Gefängnis erfolgt dann sein Zusammenbuch. Barabbas erkennt, daß er das vorgegebene Ideal pervertiert und ein weiteres Mal verraten und damit auch die Jünger Christi ausgeliefert hat. Alle, selbst Petrus, wenden sich von ihm ab, und da erst kommt Barabbas zur Einsicht. Als er endlich sich mit seinem Ideal eins glaubte und seine schwierigen und mutigen Ideen in die Tat umzusetzen hoffte, tat er nichts anderes, als wieder zu morden. Barabbas stirbt einsam am Kreuz, und der Autor läßt offen, ob es ihm in seinem Tod schließlich doch noch gelang, eins zu werden mit dem Herrn.

Die Analyse des Werkes zeigte uns, daß hinter dem Vatermord, dem mißlungenen Versuch zu trauern, dem quälenden Gewissen und dem Wunsch nach Versöhnung mit dem Vater die Grunderfahrung der enttäuschten Sehnsucht nach einer liebenden und verzeihenden Mutter steht.schließend noch einige Worte zu dem Thema der Verfolgung durch ein Ideal: Die Tiere sind einfachere Wesen als wir Menschen. Es sieht so aus, als gäbe es für sie keine Ambivalenz, keine Notwendigkeit für ein Ideal. Nicht so für uns Menschen, die wir Konflikte, Schuldgefühle, Liebe und Haß kennen und unsere Gefühle auf ein einziges Objekt richten, das wir zerstören und wieder aufrichten müssen und so zur Entstehung von Idealen beitragen. Je mehr Konflikte wir in uns tragen, umso notwendiger werden für uns die Ideale. Wenn die in jedem von uns angelegte Destruktivität überwiegt und uns unfähig macht, das von außen angebotene Konstruktive, soviel oder wenig es auch sein mag, anzunehmen, so verkehrt sich auch das Ideal ins Negative, für uns Bedrohliche, das wir zu leugnen und fliehen uns gezwungen sehen, denn sich auf dieses Ideal einzulassen, bedeutete den Tod.[5]

1 Vortrag auf der Konferenz der Psychoanalytischen Vereinigung Argentiniens im August 1955.

2 Pär Lagerkvist, *Barabbas.* Aus dem Schwedischen von Edzard Schaper, Zürich 1950, S.127 ff.

3 Die These, die Freud in *Totem und Tabu* entwickelt hat, wurde von verschiedenen Anthropologen und Historikern diskutiert und in Frage gestellt. Es ist gut möglich, daß die geschichtlichen Fakten nicht immer mit den von Freud angenommenen übereinstimmen. Dennoch ist das von Freud aufgedeckte Drama als unbewußte Phantasie bei unseren Analysanden immer wieder zu finden. Jeder von ihnen gehört in seiner Generation von neuem der brüderlichen Urhorde an, phantasiert den Vatermord, um danach, von Schuldgefühlen und Liebe getrieben, auf die Mutter und die Schwestern zu verzichten.

4 Die Resolution des letzten Konzils, die Juden von der Anklage des Gottesmordes freizusprechen, weist auf den unbewußten Wunsch, den Antisemitismus wiedergutzumachen, hin. Der ist aber natürlich auch und immer auf psychosoziale Faktoren und ökonomische Interessen zurückzuführen.

5 Als ich diesen Aufsatz wiederlas, fragte ich mich, warum ich ihn veröffentlicht hatte. Ich hatte darin einen Roman untersucht und einige Mechanismen dargestellt, aber mit welchem Ziel? Ich glaube, daß die Untersuchung durchaus nützlich ist, da sie uns nicht nur hilft, Barabbas zu verstehen, sondern auch Zeitgenossen und uns vertraute Menschen, die weder fähig sind, Begeisterung zu entwickeln noch für ein Ideal zu kämpfen.

UNBEWUSSTE PHANTASIEN
UND SCIENCE-FICTION

Vor Jahren veröffentlichte ich die Analyse eines Romans, der – würde er heute erscheinen – der Science-fiction-Literatur zuzuordnen wäre.[1] Da dieser Text geeignet ist, uns den Einstieg in unser Thema zu erleichtern, will ich ihn hier wiedergeben:

Zufällig war ich vor einiger Zeit auf ein Buch gestoßen, dessen Titel mich schon immer fasziniert hatte: *Reise zum Mittelpunkt der Erde* von Jules Verne. Den Inhalt des Buches hatte ich vollkommen vergessen. Ich schlug es auf, fing an zu lesen und war bald so in Bann gezogen wie damals, als ich jung war. Wieder war ich ständig darauf gefaßt, von dem Helden mit den Worten *«...und dann wachte ich auf»* herausgerissen und ernüchtert zu werden. Dieses böse Erwachen blieb mir erspart. Ich begann nachzudenken, das Gelesene zu analysieren, und mit einem Mal wurde mir klar, warum mich das Buch so fesselte. Ich verstand die latente Botschaft hinter der Geschichte, die sich wie der Tagtraum eines Jugendlichen liest. Jules Verne war es wirklich gelungen, seine Phantasie schreibend zu realisieren, ohne die Traumstruktur zu verlassen, geschweige denn sie als literarisches Vehikel zu funktionalisieren.

Axel, ein Waisenjunge, steht im Mittelpunkt dieser Erzählung. Er wird von seinem Onkel, dem berühmten Geologen Lidenbrock, großgezogen. Axel lebt mit ihm und seiner Nichte zusammen. Der schüchterne, gehemmte Junge empfindet seinem Onkel gegenüber eine Mischung aus Dankbarkeit, Bewunderung und Furcht, Cousine Grete ist die erste Liebe seines Lebens.

Eines Tages entdeckt sein Onkel eine alte geheimnisvolle Handschrift. Axel will das Kryptogramm entziffern und folgt dem Vorschlag des Gelehrten, irgendwelche Worte auf ganz bestimmte Weise aufzuschreiben. Ohne nachzudenken, schreibt Axel: *«Liebste, bezaubernde Grete, ich bete dich an.»*

Doch damit ist des Rätsels Lösung noch nicht gefunden, erst ein weiterer Zufall hilft ihm die Anordnung der Buchstaben zu begreifen und das Geheimnis zu lüften: Hinter dem Kryptogramm verbirgt sich eine Botschaft: «*In Sneffels Yoculis craterem kem delibat umbra Scartaris Julii intra calendes descende, audax viator, et terrestre centrum attinges. Kod feci. Arne Saknussemm.*» Übersetzt heißt dies: «*Steig hinab in den Krater des Sneffels Yocul, den der Schatten des Scartaris vor dem ersten Juli liebkost, kühner Wanderer, und du wirst zum Mittelpunkt der Erde gelangen. Was ich getan habe, Arne Saknussemm.*» Axel weiß nicht so recht, wie ernst er diese Aufforderung nehmen soll, und bekommt fürchterlich Angst. Ihm scheint das ganze Abenteuer von vornherein undurchführbar zu sein. Sein Onkel ist vollkommen begeistert und zögert keinen Augenblick, diese Botschaft ernstzunehmen und die Reise anzutreten. Axel wendet noch ein, daß die Hitze und der Druck im Erdinneren unerträglich und nicht auszuhalten seien. Aber als die geliebte Grete ihn zur Teilnahme ermuntert, beschließt er, den Onkel zu begleiten.

In diesem ersten Teil des Romans fällt auf, wie unterschiedlich die beiden Männer sind. Der eine, der ältere, ist seiner Sache völlig sicher, der Junge zaudert und kann sich nicht entschließen. Während der Onkel keine Bedenken hat und sich so verhält, als sei eine Reise zum Mittelpunkt der Erde die natürlichste Sache der Welt, ängstigt und fürchtet sich der Neffe furchtbar. Erst das gute Zureden Gretes gibt ihm Mut. Seine Verliebtheit hatte ihm ja auch geholfen, bei der Entschlüsselung der Geheimschrift den Onkel an Spürsinn zu übertreffen.

Die Spannung des Reiseberichts lebt von der Gegensätzlichkeit der beiden Männer. Sie fahren nach Island und geraten an den in dem Kryptogramm genannten Ort, wo sie noch einen Weggenossen finden: den stets heiteren, unerschrockenen und treuen Bergführer Hans. Sie steigen in den Krater des Berges Sneffel; auf dessen Grund tun sich drei dunkle Schächte auf. Und es stimmt wirklich: Zu dem vorhergesagten Zeitpunkt weist der Schatten des Scartaris wie ein Zeigefinger auf den mittleren der drei Schächte. Dies war also der Weg, den Arne Saknussemm, der unerschrockene Gelehrte aus längst vergangenen Zeiten, ihnen vorgezeichnet hatte. Sie wagen den Abstieg. Die drei Abenteurer kommen in viele gefährliche Situationen, die ich nicht alle schildern will. Ich erwähne nur die wichtigsten: Wie sollen sie im Erdinneren überleben, ohne zu verdursten? Erneut erweist sich Axel als schwach und furchtsam und ist am ehesten bereit, das Abenteuer abzubrechen. Seine Gefährten müssen ihn wie ein kleines Kind an die Hand nehmen. Schließlich stößt Hans auf einen unterirdischen Fluß, als er eine schmale Öffnung in die Felswand treibt. Der kleine Bach begleitet sie fortan. Wenig später verirrt sich Axel in einem Labyrinth aus unterirdischen Höhlen und Gängen. Als er endlich, halb tot vor Angst und Erschöpfung, seine Gefährten wiederfindet, stehen sie am Ufer eines herrlichen unterirdischen Meeres, an dem ringsum riesige Pilze aus dem Boden schießen. Sie beschließen, ein Floß zu bauen, fahren auf das Meer hinaus und beobachten aus nächster Nähe den Kampf zweier vorsintflutlicher Seeungeheuer. Dann werden sie schließlich von einem schrecklichen Unwetter überrascht, das Floß kentert. Axel wird von Hans, der ihn bewußtlos aus dem Wasser zieht, gerettet und ans Ufer getragen.

Wieder möchte Axel auf diesen Schreck hin die Reise abbrechen, doch der eiserne Wille seines Onkels obsiegt. Sie gehen in einen Wald und begegnen dem Urmenschen, dem sie unentdeckt ausweichen können. Axel entdeckt einen alten Dolch, und, wenige Schritte davon entfernt, sieht er am Eingang eines Tunnels, in eine Granitplatte gemeißelt, die Initialen ihres großen Vorgängers, Arne Saknussemms. Von diesem Augenblick an ändert sich Axels Stimmung. Er wird energisch und unternehmungslustig. Er ist es dann auch, der beschließt, einen großen Felsbrocken, der den Eingang des Tunnels blockiert, in die Luft zu sprengen und die Zündschnur ansteckt. Danach zieht er sich auf das Floß zurück, auf dem die Gefährten warten. Als die Ladung explodiert, werden sie von einer mächtigen Welle in den Tunnel hineingespült. Sie fahren auf dem reißenden Sturzbach bis zum Ende des Tunnels weiter, werden mit atemberaubender Geschwindigkeit hochgespült und finden sich in dem Schlot eines tätigen Vulkans wieder. Das Floß kommt zur Ruhe, wird dann wieder beschleunigt, dann wieder verlangsamt usw. Dieses Spiel wiederholt sich, wobei sie jedes Mal mit größerer Wucht hochgeschleudert werden. Zu guter Letzt verliert Axel das Bewußtsein, erwacht im Freien am Rande eines Vulkans, des Stromboli, wie sich später herausstellt. Hier ist das Abenteuer beendet. Zu Hause empfängt Grete den Held mit den Worten: *«Nun bist du ein Held und brauchst dich nie mehr von mir zu trennen.»* Dann heiraten sie.

Als ich das Buch las, erwartete ich immer, wie gesagt, durch die Worte Axels *«Dann aber erwachte ich und merkte, daß ich nur geträumt hatte»* unliebsam aufgeschreckt zu werden. Der ganze Roman ist wie ein Traum zu interpretieren. Axel verliebt sich in seine Cousine. Seine erste Liebe zeigt ihm etwas, was er noch nicht gekannt hatte: das Begehren. Doch er hat Angst – die Tatsache, daß er ein Waisenkind ist, kommt da erschwerend hinzu –, seine Wünsche zu realisieren, und er bearbeitet seine unbewußten Phantasien: Er dringt symbolisch in die Mutter Erde ein, um von neuem als erwachsener Mann und Held wiedergeboren zu werden. Freud behauptet, daß es für den Reifungsprozeß eines Jungen notwendig sei, daß er es in seinen unbewußten Phantasien wagt, mit der eigenen Mutter zu schlafen und seinen Rivalen, den Vater, zu töten. Voraussetzung dafür ist allerdings die Gewißheit, den Vater realiter nicht zu verlieren. Ebenso läßt sich von dem Beischlaf mit der Mutter nur dann träumen, wenn man weiß, daß man ihr nichts zufügen wird. Axel ist eine Waise. Er fürchtet sich davor, Grete, der geliebten Frau, näherzukommen, Rivale seines Stiefvaters zu werden, und hat Angst, diesen zu verlieren, zumal er ja schon seine Eltern verloren hat. Unbewußt fühlt er sich für deren Tod verantwortlich und hat Angst vor der Strafe. Er nimmt lieber eine passive, unauffällige und kindliche Haltung ein und braucht die positive Stimulierung seines Onkels sowie des Bergführers, bevor er den Mut findet, kühn und aggressiv in die abweisende Erde einzudringen und die Mutter sexuell zu dominieren.

Eines der wiederkehrenden Motive in dieser Traumerzählung ist der Koitus mit der Mutter-Erde, ein anderes das der Wieder-Geburt. Ferenczi sagt in *Thalassa*, eigentliches Ziel der genitalen Liebestätigkeit des Mannes, der Penetration, sei der Wunsch, in den Leib der Mutter zurückzukehren. Ein Mann, der sich mit seinem Penis identifiziert, kehrt bei jedem Akt in den Leib der Frau zurück und wird nach dem Koitus wieder neu aus ihr geboren, wie er von der Mutter geboren wurde, in diesem Roman als Geburt aus dem Leib der Mutter-Erde. Beide Motive werden so oft variiert, bis der zaghafte Junge seine kindlichen Ängste überwunden hat und zum Helden geworden ist.

Zuerst geht es bei der Angst des Jungen um die Frage, ob es überhaupt möglich sein wird, den Mittelpunkt der Erde unversehrt zu erreichen, d. h. den Koitus mit der Mutter unversehrt zu vollziehen. Er bangt darum, ob es überhaupt möglich sein wird, dem dort herrschenden Druck und der großen Hitze ungestraft standhalten zu können, d. h. ob er durch die sexuelle Erregung und die Berührung mit dem Körperinneren der Mutter nicht doch Schaden nimmt. Wie soll die Penetration vor sich gehen? Um das Abenteuer zu bestehen, werden die drei Männer – drei ist die Zahl, die das männliche Geschlecht, Penis und Hoden, symbolisiert – gemeinsam in die mittlere von drei Öffnungen in die Mutter Erde, in die Vagina eindringen. Als Wegweiser dient ihnen der Gipfel des Scartaris, der seinen Schatten auf die mittlere Öffnung wirft: die Öffnung, durch die der große Arne Saknussemm in fernen, sagenumwobenen Zeiten in das Erdinnere vorgestoßen war. Der auf die Landschaft projizierte Schatten des väterlichen Penis zeigt, wie der verstorbene Vater in Axels frühester Kindheit in die Mutter eingedrungen war.

Nachdem das große Wagnis begonnen hat, kommen dem Jungen erneut Zweifel. Während seine Reisegefährten ihren Durst tapfer und unbekümmert ertragen, will Axel das Abenteuer am liebsten aufgeben, weil er Angst hat, zugrunde zu gehen. Da er noch zu jung und schwach ist, um auf die Muttermilch zu verzichten, fürchtet er, die Mutter könne sie ihm verweigern, falls er sich ihr in der Haltung eines Mannes nähert, der in sie einzudringen beabsichtigt. Diesmal ist es Hans, der mütterliche, liebevoll-besorgte Führer, der ihm weiterhilft, indem er ihm die kostbare Flüssigkeit bereitstellt. Der schwache Axel aber verirrt sich in dem weit verzweigten Netz aus unterirdischen Stollen und Gängen. Hier finden wir die kindliche Vorstellung vom Mutterleib, verknüpft mit der analen Vorstellung von der Geburt, der Vorstellung, das Kind müsse sich zunächst durch das verworreneDarmgeflecht im Leib der Mutter hindurchfinden, um schließlich aus dem Anus geboren zu werden. Als Axel wieder bei Bewußtsein ist, befindet er sich am Ufer eines unterirdischen Meeres. Dies repräsentiert die eigene intrauterine Existenz, das Eingetauchtsein in das Fruchtwasser. Die Küstenvegetation besteht aus riesigen Pilzen. Der Pilz ist ein phallisches Symbol; *«das*

Kind phantasiert – wie Melanie Klein sagt –, *daß der Mutterleib voll von väterlichen Penes sei.»* Sie fahren auf das Meer hinaus und beobachten den furchterregenden Ringkampf zweier Seeungeheuer. Der Junge phantasiert, den angsterregenden und gefährlichen Koitus der Eltern bereits im Uterus miterlebt zu haben. Ein Sturm treibt das Floß wieder dem Ufer zu, und Hans rettet Axel vor dem Ertrinken. Die Mutter macht den Gefahren des Geburtskampfes ein Ende, indem sie ihm das Leben schenkt. Unterwegs entdecken sie die Leichen mehrerer Urmenschen und begegnen schließlich einem lebenden. Der Körper der Mutter, jenes mysteriöse, angsterregende, kannibalische Lebewesen, steckt voll toter und lebender Geschwister. Als sie erneut auf die Spur ihres großen Vorgängers Arne Saknussemm treffen, ist Axel wie verwandelt. Unabhängig davon, ob er seine Ängste überwinden kann, weil er sie durchgearbeitet hat oder weil er erneut den Beweis dafür erhält, daß sein Vater vor ihm das gleiche Abenteuer bestanden hat, ergreift er zum ersten Mal die Initiative. Er hält es für unbedingt notwendig, den Felsblock mit Gewalt aus dem Weg zu räumen. Er beschließt, die Mutter-Erde zu deflorieren, ihre Abwehr gewaltsam zu brechen und die Penetration in Angriff zu nehmen. Er durchbricht das Hindernis, worauf ihn jedoch eine gewaltige Strömung tief ins Innere mit sich reißt, bis zum hinteren Ende des Tunnels. Der Koitus beginnt, und seine eigene Leidenschaft, die sich in dem Strom der Samenflüssigkeit ausdrückt, treibt ihn tief in die Vagina hinein, so daß ihm wiederum jede bewußte Initiative genommen wird und er sich ganz seinen Trieben ausliefert. Die Phantasie vom Koitus verkehrt sich plötzlich wieder in eine Geburtsphantasie, der kindlichen Vorstellung folgend, es handle sich um eine anale, explosive Geburt. Sie sind in einen zweiten, wesentlich engeren Kanal hineingeraten und werden von wehenähnlichen, immer wiederkehrenden, doch von Mal zu Mal heftigeren Stößen zum Erdausgang getrieben, bis der Vulkan sie schließlich hinausschleudert und Axel wiederum von Hans gerettet wird, der ihn am Kraterrand in Empfang nimmt. Während sie im Norden Skandinaviens durch einen erloschenen Krater in das Erdinnere – verwitwete und sexuell erkaltete Mütter – vorgedrungen waren, so erwachen sie nun am Rande eines heißen Vulkans, in einem sonnenbeschienenen Land, wo sie reichlich Früchte und Wasser finden. Durch seine Selbstüberwindung ist es Axel gelungen, das Wesen der kalten, abweisenden Mutter-Frau in ein warmes, mütterliches zu vewandeln. Und auf dem gleichen Weg hat sich auch Grete – das *«Spiegelbild»* einer Mutter – von einer einstmals kalten, abweisenden Jungfrau in die Geliebte verwandelt, die ihn bei seiner Heimkehr leidenschaftlich in die Arme schließt und bereit ist, sich ihm hinzugeben.

Worauf beruht die Faszination dieser einfallsreichen, aber auch einfältigen Geschichte, warum wird sie von Jugendlichen mit Feuereifer gelesen, um dann auch wieder ganz schnell, wie ein Traum, vergessen zu werden? Alle Jungen haben in der Pubertät die gleichen Ängste wie Axel, und alle Mädchen fürchten sich in ihren Phantasien vor ihrem eigenen Körperinneren. Sie hoffen, daß ihnen ihr Liebster einmal helfen wird, diese Furcht zu überwinden, und ermutigen ihn zum großen Abenteuer, so wie Grete dies auch getan hat.

Interesse für Science-fiction, so glaubte ich zumindest, beruhte auf reinem Zufall. Als Unteritel für meine Analyse über Jules Vernes Roman wählte ich damals *Phantasie eines Jugendlichen.* Heute würde ich das nicht mehr tun, denn mittlerweile gehören wir Erwachsene längst zu den Lesern und Verfassern von Science-fiction.[2] Es gibt m. E. drei kontinuierlich anwachsende Lesergruppen. Die erste sind Kinder, die möglicherweise ein wenig älter sind als die, die früher Jules Verne oder Salgari lasen. In einer weiteren Gruppe finden wir Erwachsene, die vorzugsweise Kriminalromane und leichte Literatur konsumieren, die das Einerlei des Alltags vergessen macht. Sie stellen jedoch keine besonderen Anforderungen an die literarischen Qualitäten eines Autors. Die Leser dieser beiden Gruppen bekennen sich ganz unverhüllt zu ihrer Vorliebe für die Science-fiction-Literatur. Daneben gibt es noch eine dritte Gruppe – die ein wenig verstohlenen und verschämten Science-fiction-Konsumenten. Wie groß diese Gruppe ist, konnte ich erst ermessen, als ich selbst in den Kreis der Eingeweihten gehörte. Es handelt sich um eine Gruppe von Intellektuellen, mit gewöhnlich sehr anspruchsvollem Geschmack, die Romane und Erzählungen dieser Art geradezu verschlingen. Sie stoßen sich keineswegs an stilistischen oder erzähltechnischen Mängeln und pflegen untereinander, einem Fanclub vergleichbar, einen regen Austausch: *«Hast du Mehr als menschlich schon gelesen? Es ist ein wirklich tolles Buch, ich werde es dir mitbringen.»* oder *«Was hältst du von den ‹Mars-Chroniken›?»* Zu dieser Gruppe gehören auch viele Analytiker. Woher dieses plötzliche Gefallen, dieses Bedürfnis nach einer Literatur, die man ruhig als trivial und kitschig bezeichnen darf und die eine ziemlich primitive Lebensphilosophie verbrät? Darauf gibt es verschiedene, meines Erachtens aber nur unbefriedigende Antworten. Zum Beispiel:

Angesichts der katastrophalen Verhältnisse auf dieser Welt ist die Hoffnung auf eine gute Lösung so gering, daß die Menschen es vorziehen, ins Reich der Phantasie zu flüchten. Die Marxisten sagen, die Kulturindustrie fördere ganz speziell diese Art von Literatur, um die Arbeiter von den miesen Verhältnissen und vom Klassenkampf abzulenken, um die Hoffnungen auf ein besseres Leben im Jenseits zu richten. (Die argentinische Zeitschrift, in der solche Erzählungen veröffentlicht werden, heißt in der Tat auch *mas allá*, – *Jenseits*.[3]

Sie berichtet vom ungeheuren technischen Fortschritt in der Zukunft, von Reisen in einem erschlossenen Weltall und von Kriegen, die längst nicht mehr zwischen zwei Machtblöcken dieser Erde, sondern zwischen zwei Welten ausgefochten werden.) Diese Argumente ähneln denen der Religionskritik, in der der Glaube beschuldigt wird, er wolle die Menschen von den Ungerechtigkeiten im Hier und Heute durch fälschlich in Aussicht gestellte Belohnungen im Jenseits ablenken. Der Klerus ist der Meinung, daß der atheistische Mensch, der durch den Verlust des Glaubens den Himmel entvölkert habe, die durch den Glaubensverlust entstandene Leere nicht erträgt und gezwungen ist, sie mit diesen absurden und phantastischen Hirngespinsten aufzufüllen. Ich möchte diesen Argumenten weitere hinzufügen und beginne mit dem Spielbedürfnis des Menschen.

Auch wenn die Science-fiction-Literatur sich den Anschein von Ernsthaftigkeit und Seriosität gibt, bleibt sie zunächst einmal eine Fiktion, kaum anders als Märchen oder Romane und Erzählungen von Jules Verne. So wie unser Körper im Sport die Gelegenheit zur spielerischen Betätigung hat, braucht unser Geist auch eine Möglichkeit, sich spielerisch zu entfalten. Um die Jahrhundertwende noch hätte die Mehrzahl aller Leute den Sport in seiner heutigen Form als Kinderpiel betrachtet und für absurd gehalten. Die Vorstellung, ein gestandener Professor oder Unternehmer könne Stunden seiner kostbaren Zeit darauf verwenden, mühsam zu lernen, wie man mit einem gekrümmten Eisen ein Bällchen am wirkungsvollsten in ein kleines Loch im Boden befördert, wäre vollkommen lächerlich gewesen. Heute sehen wir es den Menschen nach, wenn sie sich auf diese Weise vergnügen, es ist normal geworden. Wir brauchen heute noch mehr als früher die Gelegenheit zum Spiel, weil das Leben ernst und angespannt geworden ist. Als Analytiker kennen wir auch die Bedeutung, die das Spiel für Erwachsene und Kinder hat.

Was die Literatur betrifft, ist seit der Entstehung des Kriminalromans eine ähnliche Entwicklung zu beobachten. Die Science-fiction-Literatur ist noch besser als der Kriminalroman geeignet, uns angesichts des immer größeren Zwängen unterworfenen Lebens einen Spielraum zu verschaffen. Sie ist grenzenlos, was Zeit, Ort und Handlung betrifft, frei und ungebunden, wie unser Unbewußtes. Darin liegt ihr Reiz für uns Psychoanalytiker. Immerzu sind wir mit Phantasien beschäftigt, die wir mit unserem beruflichen Ernst anhören und deuten. Lesen wir dagegen Science-fiction, können wir mit unseren Phantasien spielerisch umgehen und aufs Geratewohl und gänzlich unbekümmert unsere eigenen Probleme und die phantastischen Lösungsvorschläge projizieren. Dieses Lesen stillt ein spielerisches Bedürfnis und verfolgt, in gleicher Weise wie das Spiel, die Absicht, uns Angst zu nehmen, indem sie traumatische Situationen spielerisch vorwegnimmt und durcharbeitet.

Technische Errungenschaften und Phantasien sowie neue wissenschaftliche Erkenntnisse spielen in diesen Romanen eine entscheidende Rolle. Der Schauer, der uns beim Lesen den Rücken hinunterläuft, hat mit dem Unbekannten, dem Undurchschaubaren dieser Technik zu tun. Es ist die Angst vor ihrer bzw. unserer eigenen Zerstörungsgewalt. Nicht zuletzt hat das Interesse an diesem Genre unmittelbar nach dem Abwurf der Atombombe über Hiroshima von neuem eingesetzt. Jules Verne hat in zahlreichen Erzählungen technische Errungenschaften vorweggenommen. Die Ideen waren noch im Stadium der Phantasie, die notwendigen Elemente für ihre Realisierung fehlten noch. Schließlich benutzen wir die Wissenschaft und die Pseudowissenschaft als wunderbare Projektionsfläche für unsere unbewußten Phantasien. Ihre Präsenz in diesen phantastischen Geschichten möchte ich herausarbeiten, um ihren psychologischen Sinn einsichtig zu machen.

Ganz unterschiedliche Phantasien werden in der Science-fiction-Literatur dargestellt und aktiviert: Eine von ihnen, die nostalgische Sehnsucht nach der Mutter bzw. nach der Rückkehr in den Mutterleib, wird in der *Reise zum Mittelpunkt der Erde* beschrieben. Bei Jules Verne gelingt es dem Helden, in die Mutter einzudringen, sie zu erobern und sie danach unversehrt wieder zu verlassen. In der modernen Science-fiction-Literatur dagegen wird das Erdinnere durch weit entfernte Planeten ersetzt, und wer es schafft, sie zu betreten, der zahlt gewöhnlich einen hohen Preis dafür.

Prototyp für diese Erzählung mag ein Roman sein, der viel gelesen und besprochen wurde: *Der Mann, der den Mond verkaufte.* Es handelt sich um eine moderne, etwas optimistischere Version der Geschichte des Moses, der niemals das gelobte Land erblicken konnte. Protagonist dieser Geschichte ist ein bedeutender Geschäftsmann, dessen Wunschtraum es von Kindheit an war, zum Mond zu gelangen. Er ist Anfang unseres Jahrhunderts geboren, war zuerst sehr arm und wurde erst später reich. Kinder hatte er keine. Nach zahlreichen Anstrengungen schafft er es endlich, den Bau der ersten Weltraumrakete in die Wege zu leiten. Sofort nach ihrer Fertigstellung wollen er, sein Astronaut und ein Ingenieur sich auf die Fahrt begeben. Das ersehnte Ziel ist in greifbare Nähe gerückt. Es erweist sich aber leider als unmöglich, die Rakete in der von ihm gewünschten Größe zu bauen. Sie wird so klein, daß nur ein einziger Mensch Platz in ihr findet. Notgedrungen kann nur der Pilot sich auf den Weg machen, er muß auf die Reise verzichten. Dies fällt ihm, ebenso wie der Gedanke, daß nicht er der erste Mensch sein würde, der den Mond aus nächster Nähe betrachtet und berührt, furchtbar schwer. Er tröstet sich damit, der zweite zu werden. Wie dem auch sei, der erste Flug zum Mond wird ein voller Erfolg. Aber auch das zweite Mal startet die Rakete ohne ihn. Seine Teilhaber überzeugen ihn, daß er sein Leben nicht aufs Spiel setzen dürfe. Sollte ihm nämlich tatsächlich etwas zustoßen, so würde dies das Ende der Mondfahrt bedeuten. Die Firma wäre ohne ihn den Schwierigkeiten einfach nicht gewachsen. So verschiebt er seine Reise noch einmal. Jahre vergehen, dank seines Engagements ist die Mondfahrt längst keine Utopie mehr, sondern ein solides, einträgliches Geschäft. Der Mond wird vermarktet, ein Grundstück nach dem anderen verkauft, eine Stadt wird gebaut. Er selbst ist im Besitz unermeßlicher Reichtümer. Der Reiseverkehr zum Mond wird in der Zwischenzeit streng von den Behörden kontrolliert, nachdem einige Passagiere durch die heftigen Erschütterungen bei Start und Landung schwer verletzt wurden. Zur Reise wird nur der zugelassen, der ein ärztliches Gutachten vorlegen kann. Als seiner Abfahrt nun endgültig nichts mehr im Wege zu stehen scheint, wird er abgelehnt, weil er zu alt ist. Seine Frau war in der Zwischenzeit gestorben. Enttäuscht geht er seiner Wege und begegnet zufällig einer Gruppe von Männern, die gerade dabei sind, eine alte Rakete abzumontieren. Er bietet ihnen eine Menge Geld, damit sie die Rakete wieder startklar machen und ihn zum Mond fliegen. Die Männer nehmen die Bestechung an, doch sie müssen sich beeilen: Die Polizei ist ihm inzwischen auf den Fersen, die zukünftigen Erben haben ihn entmündigen lassen. Bevor die Polizei eingreifen kann, gelingt der Start im letzten Augenblick. Er bricht sich zwar bei dem durch den Start der Rakete hervorgerufenen Schlag einige Rippen, aber er ist glücklich. Er beobachtet durch das Bullauge, wie die Erde langsam in der Ferne zurückbleibt und der Mond allmählich näherkommt. Endlich sieht er «*seinen Mond*» in voller Schönheit. Bei der Ankunft trägt man ihn ganz behutsam ins Freie und bettet ihn auf den staubigen Mondboden. Er weiß, daß er im Sterben liegt, ist aber heiter. Er berührt mit den Fingern den Staub, streicht zärtlich über die Steine und stirbt in Frieden.

Neben den Symbolkonstellationen, Bildern und Klischees, die uns schon in der *Reise zum Mittelpunkt der Erde* begegnet sind, ist in dieser Geschichte die Mutter – der Mond[4] – nicht nur die gute, fruchtbare, sondern auch die kalte, unfruchtbare und abweisende. Es fällt das Sprichwort: «*Eine Frau, deren Mann immer vom Mond träumt, muß wohl ebenso unfruchtbar sein, wie das Mondgestein.*» Wesentlich ist auch der nostalgische Aspekt, der hier, ähnlich wie in der Bibel, zum Ausdruck kommt. In der Bibel kämpft Moses um den Einzug ins gelobte Land, das für ihn jedoch unerreichbar bleibt. Der Mann, der den Mond verkaufte, kann sein Lebensziel zwar mit letzter Kraft erreichen, doch dann bezahlt er dafür mit seinem Leben. Ganz deutlich ist hier der nostalgische Aspekt dieser Geschichte. Wie Moses kämpft auch der Protgonist in *Der Mann, der den Mond verkaufte* um den Einzug in das gelobte Land: Er kann es noch mit letzter Kraft erreichen, doch muß er diese Errungenschaft mit dem Leben bezahlen.

In dem Roman *Die Nadel* ist das Land der Verheißung weder neu noch unberührt, sondern eher altbekannt und vertraut. Es handelt sich um einen seltsamen Apparat, der einer riesengroßen Nadel ähnlich ist. Das Nadelöhr ist ein mehrere Meter langer Tunnel. Alle lebende Materie, die dort hineingerät, wird unsichtbar, bleibt aber gesund und unberührt, wenn es einem gelingt, sie wieder aus dem Nadelöhr herauszuziehen. Dies war die Erfahrung, die der Erfinder des Geräts mit einer anderen, wesentlich kleineren Nadel gemacht hat. In diesem Öhr konnte ein Finger oder ein Arm verschwinden; auch wenn der Handschuh oder Ärmel am anderen Ende des Öhrs noch herausschaute, konnte man die Hand wieder herausziehen, ohne daß die Nadel sie verändert hätte. Man erwartete Gleiches von der großen Nadel. Irrtum. Alle Menschen, die in das langgestreckte Öhr hineingingen, verschwanden auf Nimmerwiedersehen. Schließlich kommt es durch den Anschlag eines Fanatikers, der die komplizierte elektrische Schaltung beschädigt, zu einem Unfall. Das elektromagnetische Feld der Nadel erreicht eine solche Ausdehnung, daß mehrere Häuserblöcke Chicagos von ihm erfaßt werden, alle Lebewesen wandern durch das Nadelöhr, um sich danach unter Wasser in einem stürmischen Meer wiederzufinden. Mit Mühe erreichen sie einen menschenleeren Strand. Der Erfinder der Nadel, der auch unter den Verschwundenen war, nimmt an, daß seine Maschine die Zeit zurückgestellt hat und sie sich zwar nach wie vor in Chicago befinden, aber eben im Chicago von vor vielen tausend Jahren.

Die Phantasie von der Relativität der Zeit, die wir hier beschrieben finden und auf der zahlreiche Science-fiction-Erzählungen aufbauen, geht scheinbar auf Einsteins revolutionäre Theorien über die Zeit als vierte Dimension zurück. Diese Phantasie läßt uns eine Eigenschaft projizieren oder ausdrücken, die all unsere unbewußten Phantasien und unser Unbewußtes kennzeichnet: In ihnen ist der Zeitbegriff gegenstandslos.

Etwa dreihundert Menschen, die durch das Nadelöhr gewandert sind, befinden sich in einer unwirtlichen Umgebung. Sie lassen sich nieder, organisieren mühselig ihr Leben wieder neu, heiraten, zeugen Kinder und bauen ihre alte Zivilisation, die Nadel inbegriffen, mit geradezu mystischer Inbrunst wieder auf. Sie glauben nämlich fest daran, daß sie sich eines Tages mithilfe der Nadel wieder in ihr altes Chicago zurückversetzen können. Die Stadt, in der sie jetzt leben, heißt Neu-Chicago. Der Tag, auf den sie so lange gewartet haben, kommt; die Nadel, diesmal klein und bescheiden, ist wieder einsatzbereit. Einer der Erbauer der alten Nadel besteigt sie als erster, darauf bedacht, unversehrt zurückzukehren. Als er das Nadelöhr durchquert hat, gelangt er nicht etwa in das gute und alte Chicago, sondern stattdessen auf öde Felsen inmitten einer menschenverlassenen Gegend. Er kehrt zurück und weiß nicht, ob er den anderen das Ergebnis seiner Expedition mitteilen soll: Würden die Menschen nicht unweigerlich an dem Verlust jenes Traumes, der allein ihren Mut und ihre Kraft aufrechterhalten hatte, zugrundegehen? Auch der zweite, der das Experiment wagt, verschweigt die Wahrheit und behauptet, er hätte ein trauriges Chicago gesehen, das ihm weniger gefallen habe, als er erwartet hatte. Allen steht es offen, durch die Nadel hindurchzugehen, um in die alte Heimat, zu Heim und Herd, zurückzukehren. Obwohl alle an die Möglichkeit der Rückkehr glauben, will keiner den ersten Schritt tun. Ihr Herz hängt an dem, was sie aufgebaut haben, und sie alle haben die hier geheirateten Frauen, die hier geborenen Kinder liebgewonnen. Sie beschließen zu bleiben. Der Roman *Die Nadel* macht deutlich, daß das, wonach wir suchen, stets das Alte ist – unsere ersten Objekte – und daß wir, wenn wir uns recht besinnen und dazu fähig sind, besser daran tun, auf sie zu verzichten, weil sie unwiederbringlich sind. Die Geschichte endet nicht mit der Inbesitznahme des wunderbaren Neuen, das im Grunde stets das Alte ist – die idealisierte Mutter unserer Kindheit. Das Neue, Unbequeme und zufällig Erworbene kann in ein geliebtes Objekt verwandelt werden. Und die ihm zugewandte Liebe gibt den Menschen später die Kraft, dem alten Chicago zu entsagen, denn es war mittlerweile zum Bild der idealisierten Mutter aufgerückt, die nicht mehr existierte. Der Gang durch das Nadelöhr erlaubte lediglich, zu den tauben, unfruchtbaren Steinen zu gelangen, die – nach zähem Kampf – sich auch *Der Mann, der den Mond verkaufte* erobert hatte. Dieser lag schon im Sterben, und so blieb ihm nicht genügend Zeit zu der Erkenntnis, daß sein gliebter Mond nicht gar so strahlend war und daß die sanfte Mutter seiner Träume, mit ihren vollen Brüsten, nicht mehr existierte und er einer Idealisierung aufgesessen war. Entweder blieb ihm keine Zeit, dies zu erkennen, oder er starb, um mit dieser schrecklichen Erkenntnis nicht leben zu müssen. Die Mars-Chroniken legen noch einen weiteren Vergleich nahe: Alle Mädchenbücher endeten früher, nach einer Reihe schwieriger, gefahrvoller Wendungen, mit der glücklichen Hochzeit der Heldin des Geschehens, die endlich das idealisierte Objekt, ihren Märchenprinzen, bekommen hat. Später mußten sich die Mädchen in ihrem eigenen Leben klar werden, daß die schwierigen Bewährungsproben erst nach der Hochzeit einzusetzen pflegten. Mit dieser Thematik beschäftigen sich auch einige Erählungen von Ray Bradbury mit dem Titel *Die Mars-Chroniken,* sie setzen mit dem berühmten *«Nachher»* ein. Die Menschen haben Mars, den Unerreichbaren, für sich erreichbar gemacht. Mars, das idealisierte Objekt. Was aber passiert dann?

Diese Frage wird in den verschiedenen Erzählungen sehr unterschiedlich bearbeitet. In einigen wird die Ankunft der jeweiligen Expeditionen auf dem Mars und ihre danach folgende Vernichtung beschrieben, in anderen wird geschildert, wie die Menschen langsam Fuß fassen, nachdem die Marsmenschen gestorben sind. Viele Marsmenschen waren zwar schon vor Jahrhunderten ums Leben gekommen, andere jedoch – die Bewohner eines großen Teils des Planeten – schienen plötzlich, irgendwann zwischen der Ankunft der dritten und der vierten Expedition, an einer Pockenseuche gestorben zu sein. Ohne ihr Wissen hatten die Menschen den Planeten infiziert. In wieder anderen Erzählungen werden uns eine Handvoll Menschen vorgeführt, die hilflos und alleingelassen auf dem Planeten umherirren, weil die anderen sie dort vergessen hatten, als ein neuer Krieg sie überstürzt zur Erde zurückkehren ließ. Der Ruf der Vergangenheit und der Drang zu kämpfen, eine Mischung aus Eros und Aggression, hatte sie an der Eroberung des Mars, des neuen und unbefleckten Planeten, nicht lange festhalten lassen. In der Sammlung findet sich nur eine einzige humoristische Erzählung. Ein Mann, der von sich glaubt, er sei als einziger von allen Menschen auf dem Mars zurückgeblieben, hört, als er eines Tages ziellos durch die leeren Straßen einer Marsstadt irrt, das schrille Klingeln eines Telefons. Er rennt auf das Haus zu, bricht die Tür auf, stürzt sich auf den Apparat, doch die Verbindung ist bereits unterbrochen. Er verzweifelt bei dem Gedanken, welch wunderbare Frau ihn da angerufen haben mag, verflucht sein Mißgeschick und beginnt, wie wild nach ihr zu suchen, indem er unermüdlich neue Nummern kombiniert und wählt. Endlich vernimmt er ihre Stimme. Sie verabreden sich, verfehlen sich, fahren ewig mit dem Auto hintereinander her und finden erst dann zueinander. Er steht vor einem furchtbar dicken und schrecklich parfümierten jungen Mädchen. Sie hatte die Gelegenheit genutzt, sich die teuersten Parfums zusammenzuklauben und auszuprobieren. Jetzt stopft sie gestohlene Schokoladenbonbons in sich hinein. Sie will ihn an sich ziehen und macht ihm einen Antrag. Ihm fährt der Schreck in die Glieder, er flieht, so schnell ihn seine Füße tragen, in die stille, reine Luft der Marsgebirge. Der einzige Mensch auf dem Mars hat also nicht die wunderschöne Braut getroffen, die er so gesucht hatte und die bereitwillig seine Wünsche erfüllen sollte. Der Einzige zu sein, heißt für das Unbewußte, daß Papa und die Geschwister fort sind und man selbst die Mutter und all die wunderbaren Dinge, die sie so reichlich zu geben vermag, ganz für sich alleine hat. Er steht, mit anderen Worten, vor einer Mutter, die nicht gibt, sondern alles für sich selbst beansprucht. Er steht vor dem Spiegelbild seiner selbst und seiner primitiven Wünsche, dem gefräßigen Kleinkind.

Eine andere Erzählung schildert völlig emotionslos, aber mit nostalgischem Unterton das mißglückte Aufeinandertreffen von Marsbewohnern und Menschen. Ein Marsmensch und ein Erdenmensch lernen sich zufällig kennen, während sie nachts in völliger Einsamkeit auf einem Hügel umherstreifen. Sie sprechen miteinander. Doch als sie sich berühren wollen und der Marsmensch aus der Hand des Erdenmenschen ein Getränk entgegennehmen will, greift er ins Leere. Physisch sind unsere ersten Objekte für uns unerreichbar geworden, wir können sie nur herbeiphantasieren. Jeder für sich fühlt sich lebendig, doch der andere bleibt körperlos. Sie entdecken, daß sie verschiedenen Zeiten angehören und daß jeder in seiner ihm eigenen Gegenwart lebt. Während der Marsmensch dem Menschenwesen von der Schönheit der Städte, der Feste sowie den Frauen erzählt – der Vater, in Gestalt des Marsmenschen, genießt auch weiterhin das Zusammensein mit der Mutter – versichert ihm sein Gegenüber, daß alles nicht mehr existiere und bereits vor vielen Jahren untergegangen sei. Er beschreibt ihm dafür den Anblick der Menschenstadt und den der Raketen, die auf einem benachbarten Hügel aufgestellt sind. Er muß sich mit dem begnügen, was er hat, mit seinem gegenwärtigen und zukünftigen Leben. Der Marsmensch sieht das alles nicht. Sie stehen nebeneinander, der eine in der Vergangenheit, der andere in der Zukunft, und jeder nimmt für sich die Gegenwart in Anspruch. Schließlich trennen sie sich in Freundschaft, und jeder setzt seine einsame Wanderschaft fort. Mars- und Erdenmensch haben sich in der Zeit verfehlt. Ihre mißglückte Begegnung veranschaulicht die Unmöglichkeit, unsere Vergangenheit und deren Objekte, d. h. die Eltern, mit unserer Gegenwart und Zukunft, d. h.

unserem Erwachsenendasein, zu vereinen. Gegen diese Unmöglichkeit ist nichts auszurichten.

Der Band enthält auch traurige Erzählungen: Ein Mann, Arzt und Ingenieur, war auf dem Mars vergessen worden, als die anderen in den großen Krieg zogen. Nachdem er 20 Jahre vergeblich auf Besuch von der Erde gewartet hatte, landet zum ersten Mal wieder eine Rakete auf dem Mars. Sie kommt nicht direkt von der Erde, sondern von einem Flug aus dem All. Der Kapitän – ein alter Freund des Ingenieurs – und seine ganze Mannschaft werden von dem vereinsamten Mann, von seiner Frau und seinen drei Kindern mit Pomp empfangen. Der Anblick dieser Familie hat dennoch etwas Merkwürdiges an sich. Verglichen mit dem Familienvater, einem sichtlich alten und verbrauchten Mann, scheinen Frau und Kinder, seitdem die Menschen den Mars verließen, keinen Tag älter geworden zu sein. Die freudige Erregung des alten Ingenieurs beim Wiedersehen übersteigt seine Kräfte. Er bekommt einen Herzanfall. Während er im Sterben liegt, umsorgen seine Frau und seine Kinder die Gäste, immer mit einem Lächeln auf den Lippen. Wie ist dies möglich?

Vor vielen Jahren waren Frau und Kinder doch gestorben. Die ihn jetzt umgeben, sind vier besonders gut gelungene Roboter. Nach dem Verlust des geliebten Objekts bleiben immer zwei Möglichkeiten: Man kann sich der Trauer und der eigenen Schuld an diesem Verlust stellen und den hiermit verbundenen Schmerz solange ertragen, bis er sich nach und nach ganz von selbst erschöpft und uns wieder losläßt. Die andere Möglichkeit ist die, daß der Verlust verneint wird, indem die Objekte in masturbatorischen und psychotischen Phantasien wieder erschaffen werden. Der Mann hatte die Einsamkeit nicht lange aushalten können, und sein technisches Wissen erlaubte ihm schließlich diesen Ausweg. Ihm blieben weder Zukunft noch Gegenwart, er mußte sich mit der Gesellschaft seelenloser Roboter zufriedengeben. Er hält seine Kreaturen für so perfekt, daß er sie liebgewinnt, aber sie haben einen Nachteil, sie können nicht altern, haben es nicht gelernt zu fühlen und können seinen Tod weder begreifen noch beklagen. Auch in dieser Hinsicht erweisen sich seine Kreaturen als die ureigenen Geschöpfe. Sie sind sein Ebenbild, und ihre Gleichgültigkeit angesichts seines Todes entspricht der ihm eigenen Gleichgültigkeit und Unberührtheit, die er sich erhält, indem er sich in seinen Phantasien einschließt.

Dann gibt es auch noch angsterzeugende Erzählungen: Die Erdenmenschen leben nun schon seit geraumer Zeit auf dem Mars und haben ihre Städte entlang der Kanäle gebaut. Irgendwo leben noch ein paar vereinzelte Marsmenschen, von denen sie aber nichts weiter wissen, als daß sie seltsame und ungeheuer anpassungsfähige Wesen sind. In einer dieser Städte lebt ein altes Ehepaar, dessen Sohn vor langer Zeit starb, als sie noch auf der Erde waren. Die alte Frau konnte den schmerzlichen Verlust nie verkraften. Eines Tages erscheint Tom, der verstorbene Junge, und begrüßt sie so selbstverständlich, als sei er nie fort gewesen. Der Mann zweifelt an seiner Echtheit und ahnt insgeheim, daß dies nicht wirklich sein Sohn sein kann, sondern nur ein Marsmensch, der in seinem Bedürfnis nach Liebe und Zuwendung die Gestalt seines Sohnes angenommen und sich an seine Stelle gesetzt hat. Bei sich denkt er, daß dies eigentlich nichts ausmache und nimmt ihn liebevoll und unbefangen auf. Die Mutter zweifelt nicht, für sie ist dieser Junge Tom, und sie behandelt ihn genau, wie sie früher Tom behandelt hat. Als der Junge einige Zeit bei ihnen verbracht hat, will die Mutter mit ihm und dem Vater in die Stadt, um ins Kino zu gehen. Der Junge sträubt sich, weil er sich vor den Leuten auf der Straße fürchtet. Er hat Angst, gefangen zu werden. Der Vater nimmt ihn in

Schutz, während die Mutter darauf besteht, ihn mitzunehmen; solche Kindereien will sie nicht durchgehen lassen. Sie fahren mit dem Boot in die Stadt. Auf dem Landesteg verschwindet der Junge plötzlich. Die Mutter will den Film sehen und meint, er werde schon rechtzeitig vor der Rückkehr wiederkommen. Doch der Junge taucht nicht wieder auf, und der Vater macht sich auf den Weg, ihn zu suchen. Als er ihn findet, hat sich Tom in die Gestalt der verstorbenen Tochter eines anderen Siedlerpaares verwandelt. Die Macht ihres Wunsches und ihrer Sehnsucht nach der Tochter hatten ihn *«gefangengenommen»*. Der Vater schafft es, ihn zu überreden, er solle wieder Tom werden und mit ihm kommen. Doch dafür ist es nun zu spät. Das andere Elternpaar läßt sich nicht abschütteln, es erscheinen immer mehr Menschen, die in Tom jeweils eine herzlich geliebte und unwiederbringlich verlorene Person erblicken. Von einer ganzen Menschenmenge verfolgt, erreichen sie im Laufschritt den Landesteg. Der Vater will ihn in sein Boot tragen, doch die anderen halten ihn fest, und Tom erliegt all den gegensätzlichen und miteinander wetteifernden Bestrebungen und Wünschen, die auf ihn einhageln. Vor den Augen der verblüffenden Menge beginnt sich sein Äußeres zu verändern, und er verwandelt sich nacheinander in Lavinia, die verstorbene Tochter des Siedlerehepaares, in den Vater von Frau X, die Mutter des Wachmanns und den totgeborenen Säugling der Frau Soundso. Wie ein ständig drehendes Kaleidoskop wechselt er wieder und wieder die Gestalt, bis er erschöpft als amorphe Masse am Boden liegen bleibt. Zu guter Letzt haben alle ihre liebsten Angehörigen noch einmal gesehen und noch einmal verloren, und alle waren einem Trugbild zum Opfer gefallen.

In dieser Geschichte wird deutlich, welche Folgen die Unfähigkeit der Mutter, den Tod ihres Sohnes zu akzeptieren, nach sich zieht. Durch ihre Unfähigkeit zu trauern und sich der Zerstörung des geliebten Objekts schuldig zu bekennen, zwingt sie Tom, so wie dies später auch die anderen Siedler tun, lebendig zu werden und eine geborgte, phantastische Existenz anzunehmen, die schließlich doch wieder tödlich endet. Von Schuld kann hier gesprochen werden, weil die Mutter die Ängste des Marsmenschen Tom, der mit jedem lebt, der ihn liebt und bei sich haben will, kaum daß er zu ihr zurückgekehrt ist und sie ihn zurückbekommen hat, überhört. Weil die Mutter nur an ihr eigenes Vergnügen denkt, verirrt sich Tom und stirbt. Tom, der echte – Ebenbild des Marsmenschen Tom – kam zur Welt, weil seine Eltern es sich so gewünscht hatten. Doch er verliert sich und geht an der Gleichgültigkeit seiner Mutter zugrunde. Es ist die Gier der geliebten, erträumten Mutter, die – wie bereits in der Geschichte mit dem naschhaften Mädchen – die Möglichkeit zunichte macht, das Verlorene wiederzuerlangen. Wenn wir uns andererseits in die Lage der Mutter versetzen, die ihren Sohn auf der Erde verloren hat und der es nicht gelingen will, ihn zurückzuerobern, sehen wir, daß wir noch einmal aus eigenem Verschulden den Verlust des geliebten Objekts ertragen müssen, das wir durch die Macht unserer Sehnsucht und unseres Wunsches wiederherzustellen versuchen. Doch Schuld und Verlust treffen nicht allein die Mutter. Auch Tom, der Marsmensch, verliert seine Eltern, die er haben wollte, um seinen Zärtlichkeitshunger zu stillen, und schließlich verliert er sogar sein Leben. Er wird aus zwei Gründen, die an seiner Eigenschaft als Marsmensch liegen, zum Verlierer: Er ist ein Fremder, die Entfremdung wird zum inneren Rückzug. Dies trennt ihn auch von den anderen und seiner neuen Mutter. Er verliert wegen jener für ihn typischen Mischung aus Gleichgültigkeit und Zärtlichkeitshunger. Das Erworbene, das Wiedererworbene, wird durch die Gier verloren. Die Mutter erscheint in der idealisierten sowie in ihrer bösen Gestalt. Auch

Tom hat zwei Seiten: Er ist der gute, verspielte Junge, der wiederkehrt, und er ist auch die Schreckensvision der amorphen Masse, die keinerlei Gestalt erkennen läßt, ein völlig zerstörter Sohn, der alle in ihn gesetzten Hoffnungen zunichte macht.

Eine andere Serie Marsgeschichten ist makaber; die finsterste von allen ist die Geschichte von der dritten Expedition. Sechzehn Männer, gegen alle möglichen Gefahren gewappnet, landen in einer prachtvollen Rakete auf dem Mars. Sie wissen, daß Vorsicht und höchste Wachsamkeit geboten sind, denn zwei frühere Expeditionskorps waren mit Mann und Maus verschwunden, nachdem sie in einer letzten Meldung ihre glückliche Landung mitgeteilt hatten. Seither hatte man nichts mehr von ihnen gehört. Die Teilnehmer dieser dritten Expedition sind auf alles vorbereitet. Bei der Landung sehen sie durch die Bullaugen hinaus und betrachten die Umgebung, zunächst durchaus verwundert, dann zutiefst erregt: Sie sieht überhaupt nicht nach kahler, fremdartiger Marslandschaft aus. Vor ihren Augen liegt ein kleines nordamerikanisches Dorf aus den Anfängen unseres Jahrhunderts. Alles ist genauso wie damals, dieselben Blumen, dieselben Häuser. Der Kapitän, trotz seines Alters ein robuster Mann, erkennt das Dorf seiner Kindheit. Niemand sieht ihm seine 80 Jahre an, da er kurz zuvor verjüngt wurde. Aber er traut dem Frieden nicht. Er verläßt mit zwei anderen Männern die Rakete, um sich den Flecken näher anzusehen und ihn auszukundschaften. Den übrigen Besatzungsmitgliedern befiehlt er, unter allen Umständen an Bord zu bleiben und die Rakete zu bewachen. Die drei Männer durchqueren langsam die Hauptstraße des Dorfes. Da plötzlich stürzt der eine auf ein kleines Häuschen, vor dem er seine Großeltern entdeckt hat, die sich, friedlich in der Laube sitzend, unterhalten, als seien sie nicht vor vielen Jahren gestorben. Die beiden anderen sehen, wie sie ihn freudig in die Arme nehmen. Ein paar Minuten später trifft auch der zweite Mann auf seine Lieben und läßt den Kapitän stehen, ohne auf seine mahnenden Worte zu hören. Der aber ist mißtrauisch und verwirrt zugleich. Er hat das bestimmte Gefühl, daß dies alles eigentlich nicht sein kann und daß er es vielleicht verstehen könnte, wenn er nur ein Weilchen hätte, um in Ruhe nachzudenken. Plötzlich sieht er, wie eine Menschenmenge sich auf die Rakete zubewegt und wie seine Männer, entgegen seiner strikten Anweisung, die Maschine eilig verlassen, um den Hinzukommenden um den Hals zu fallen. Der Kapitän schreit laut, ist außer sich vor Zorn und ruft ihnen zu, er würde sie alle hinrichten lassen, wenn sie nicht augenblicklich zurückkehrten. Bei diesen Worten tritt ein junger, nett aussehender Mann auf ihn zu, grüßt ihn und sagt: *«Menschenskind, so ein Glück, du bist ja auch dabei! Komm, beeile dich, Mama und Papa warten schon auf dich!»* Der Kapitän ist starr vor Staunen, und dann beginnt sich auch für ihn alles zu ändern. Er erinnert sich. Der junge Mann vor ihm, das ist sein Bruder, den er so früh verloren hatte, den er beneidet und geliebt hatte. Er selbst muß damals etwa 20 Jahre alt gewesen sein. Der Kapitän geht nach Hause, in das Haus seiner Kindheit, begegnet seiner liebevollen, stillen, heiteren Mutter, die ihn herzt und küßt, und läßt sich vom Vater in die Arme schließen. Sie verbringen einen wunderschönen langen Abend. Er tanzt mit der Mutter einen Walzer und geht dann, von seinem Bruder begleitet, hinauf in ihr altes Schlafzimmer. Ganz wie früher gehen sie zu Bett und wünschen einander Gute Nacht. Der Kapitän streckt sich wohlig in sein Bett und sagt sich voller Dankbarkeit: *«Welch wundersames Glück uns doch beschieden ist!»* Nun wird auch er die Ruhe finden, um über alles nachzudenken. Sie gehen zu Bett. Der Kapitän freut sich, jetzt ruhig nachdenken zu können, und besinnt sich zuerst darauf, wie schön alles gewesen ist, wie unerwartet und wie vertraut zu gleicher Zeit. Aber wie ist dies zu erklären? Es kommt ihm ein absonderlicher Gedanke. Nehmen wir einmal an, denkt er, die Marsmenschen verfügten über ganz bestimmte, hoch entwickelte Eigenschaften, wie wir sie nur auf der allerniedrigsten Stufe besitzen. Wer weiß, wenn sie zum Beispiel stark telepathisch veranlagt sind, dann müßten sie auch im Stande sein, unsere Gedanken und Erinnerungen zu lesen. Und wenn sie über besondere hypnotische Fähigkeiten verfügten und uns dazu bringen können, ganz bestimmte Dinge zu sehen und zu hören? Wenn man es recht bedenkt, ist dies ja auch eine seltene Fähigkeit unter Menschen. Nehmen wir also einmal an, wenn auch nur spaßeshalber, dies träfe zu. Was wäre zum Beispiel, wenn sie die in unserer Vorstellung enthaltenen Erinnerungsbilder benutzt hätten, um sie uns allen zu suggerieren? Zum Beispiel das Dorf, in dem ich als Kind lebte? Und wenn sie uns alle durch Willensübertragung gezwungen hätten, in jedem von ihnen einen verstorbenen Angehörigen wiederzuerkennen, dessen Verhaltensweisen sie sich auf telepathischem Weg angeeignet haben... *«Ein Mann fragt nicht lange, wenn er das Glück hat, seine Mutter ein zweites Mal lebend zu sehen...»* Er denkt weiter: Und wenn die, die wie Vater, Mutter und Bruder aussehen, in Wirklichkeit Marsmenschen sind, entschlossen, sich gegen eine Invasion von unserer Seite zu wehren, indem sie uns auf solche Weise bekämpfen und ausrotten? Wer ist derjenige, der in dem Bett dort drüben schläft? Und die unbemannte Rakete auf dem Hügel, mit ihren sperrangelweit geöffneten Türen...? Der Kapitän erhebt sich leise und will gehen. Da sagt jemand mit kalter, seelenloser Stimme: *«Wohin gehst du, Bruder? — In die Küche, ich bin durstig. — Du bist nicht durstig. — Doch, ich habe Durst.»* Darauf folgt ein Schrei, gefolgt von einem zweiten, und es kehrt Stille ein. Am nächsten Morgen liegt das tags zuvor so fröhlich und festlich gestimmte Dorf in Trauer, man legt in sechzehn Särge sechzehn Männer, die alle über Nacht durch einen unglücklichen Zufall ums Leben gekommen sind. Und so endet die dritte Expedition.

Das Wechselspiel zwischen den gegensätzlichen Bildern, dem idealisierten und dem schreckenerregenden, steht im Mittelpunkt dieser Erzählung, die am stärksten durch finstere und paranoide Momente gekennzeichnet ist. Alles Böse wie auch alles Gute wird hier nach außen, auf die Marsmenschen, projiziert. Die anderen, die Teilnehmer der dritten Expedition, leiden scheinbar völlig schuldlos an den Folgen ihrer Eroberung. Die Menschen haben sich aufgemacht, um etwas zu erobern, das sie zutiefst ersehnen und von dem sie glauben, daß es neu und unbekannt sein müsse. Doch es kommt anders. Das eroberte Neue ist nichts anderes als das Alte, Vertraute. Es ist das alte idealisierte Bild. Eine Mutter tanzt den Walzer mit ihrem Sohn, aus dem inzwischen ein bedeutender Mann, ein Kapitän geworden ist. Dieses Bild weicht jedoch bald darauf dem schreckerregenden: dem Bild des Marsmenschen, der sich als Vater, Mutter oder Bruder verkleidet, um zu töten. Und wie sollte man auch nicht auf diese Verkleidung hereinfallen, wenn man sich so sehr nach der guten Mutter sehnt? Wenn diese Sehnsucht immer stärker wird, je schrecklicher das Bild ist, das verdrängt werden soll? Ohne diese Sehnsucht wären die Männer gar nicht bereit gewesen, als Pioniere ihr Leben aufs Spiel zu setzen, um den Mars zu erobern. Im Bewußtsein seiner Sehnsucht denkt der Kapitän: *«Ein Mann fragt nicht lange, wenn er das Glück hat, seiner Mutter ein zweites Mal im Leben zu begegnen.»*

Was haben uns diese Geschichten gezeigt? Ihre Helden werden durch ihre Unfähigkeit, sich der Trauer um den Verlust des geliebten Objekts zu stellen, dazu getrieben, sich in gefährliche oder phantastische Abenteuer zu stürzen. Es gelingt ihnen, den Verlust wieder rückgängig zu machen, doch das wiedergefundene Objekt erweist sich als janusköpfig: Es zeigt sich zunächst von der idealisierten Seite, doch dann dreht es sich blitzschnell um, und die schreckenerregende kommt zum Vorschein. Dieses doppelte Gesicht entspricht den *«zwei Bildern»*, denen wir in *Barabbas* und im *Mythos vom gebratenen Kind* bereits mehrfach begegnet sind. Wäre das schreckenerregende Bild nicht gar so böse, so zerstörerisch und zerstörend, dann wäre die Notwendigkeit geringer, an der Illusion eines idealisierten Bildes festzuhalten.

Die Science-fiction-Literatur ist voll von Robotern. Ich erlaube mir, sie ein wenig eingehender zu betrachten, obwohl sie nur indirekt mit unserem Thema zu tun haben. Die Roboter sind in der Literatur keineswegs eine neue Erscheinung, sie sind die Erben von Frankensteins Monster, von E. T. A. Hoffmanns wunderhübscher Puppe – die Freud zur Definition und Analyse des Finsteren heranzog. Sie sind die Erben des Prager Golems und der schönen Statue, die in Pygmalion zum Leben erweckt wurde. Die Roboter sind selbst Gegenstand der unbewußten Phantasien des Menschen: Sie sind Ebenbild ihres Schöpfers und besitzen die ihm eigenen, von ihm selbst jedoch zurückgewiesenen Eigenschaften. In dieser Hinsicht sind sie mit den Marionetten verwandt, die die verschiedenen Persönlichkeitsanteile des Puppenspielers repräsentieren und zur Darstellung bringen. Mit der Erfindung des Roboters drückt der Mensch auch seinen Neid auf Gott, den Vater, aus, der als einziger Leben schaffen kann. Diesem Neid entspringt die kindliche Eifersucht auf die Eltern. Diese Eifersucht ist aber auch der Grund dafür, warum das Geschaffene Züge erhält, die aus ihm ein abweisendes Ebenbild machen. Die Grausamkeit des Frankensteinschen Monsters oder des Golem hat ihren Ursprung in den Rachephantasien des eifersüchtigen verlassenen Kindes. Solange sich diese Gefühle nur in seinem eigenen Inneren befinden, kann es sie kontrollieren, doch wenn es sie einmal auf den Roboter übertragen hat, geraten sie außer Kontrolle. Das Monster besitzt die ganze Macht und Fähigkeit zum Bösen, über die das Kleinkind in Momenten der Hilflosigkeit und des Alleingelassenseins verfügen möchte, die es jedoch andererseits unter Kontrolle halten muß. Der Roboter setzt das in die Tat um, was es selbst nicht tun darf. Aber auch er wird bestraft. Später wird über die Strafe die Einheit von Schöpfer und Schöpfung von neuem hergestellt. Die Gleichgültigkeit der schönen Puppe in E. T. A. Hoffmanns Erzählung oder der Statue in Pygmalion repräsentiert noch einen anderen Aspekt: Es ist dieselbe Gleichgültigkeit, die der schöne Mond dem Mann, der ihn verkaufte, zeigte. Es ist die Strafe, mit der das Kind für den Versuch büßen muß, die Mutter ganz für sich allein wiederzuerschaffen. Es gelingt ihm in der Phantasie, sie für einen Augenblick zurückzuerobern, um sie später wegen seiner Unfähigkeit, sie festzuhalten, und wegen seiner Schuldgefühle dem Vater gegenüber doch wieder zu verlieren. Die Phantasie, ein Lebewesen zu erschaffen, geht auf den verdrängten Neid des Kindes und des Mannes auf die Frau wegen ihrer Fähigkeit, Leben zu schenken, zurück. Der Roboter und seine Vorläufer sind aus diesem Grunde immer eine männliche Schöpfung.

Schauen wir uns jetzt noch eine der Mars-Chroniken *Der große Regen an.* Es geht um ein Haus, ein völlig unbeschädigtes, hoch technisiertes, aber leerstehendes Haus. Die Menschen, die es einst bewohnten, hatten es Hals über Kopf verlassen, um sich in einen Krieg auf der Erde zu stürzen. Doch selbst das verlassenene Haus sprach und war lebendig. Jeden Morgen wurde es von der sprechenden Weckanlage aus dem Schlaf geholt. *«Es ist sieben Uhr, Zeit zum Aufstehen. Es ist halb acht, Zeit fürs Frühstück.»* Währenddessen bereiteten die Maschinen in der Küche Kaffee, Spielgeleier und Toast. *«Es ist acht Uhr, Zeit für die Schule.»* Und die Tür öffnete sich, um Kinder vorbeizulassen, die nun nicht mehr kamen. In der Küche wanderten die Spiegeleier und der Toast in den Müll, und die Teller wuschen sich selbständig ab. Und so arbeitete das Haus den ganzen Tag über, wochen- und monatelang, während dem Hund draußen der Duft der frisch zubereiteten Gerichte in die Nase stieg und er vor Hunger verging, weil die Tür verschlossen war. Alles nimmt seinen gewohnten Lauf, bis eines Tages Regen und Wind aufkommen. Ein herunterbrechender Ast schlägt gegen eine Fensterscheibe, es gibt einen Kurzschluß, und plötzlich steht das ganze Haus in Flammen. Zu Anfang scheint es, als behielten die Maschinen, deren Aufgabe es ist, den Brand zu löschen, das Feuer unter Kontrolle. Doch dann versagen sie, das Haus brennt nieder. In ihm toben lauter verrücktgewordene Maschinen, die nun völlig unkoordiniert fegen, putzen und ohne Sinn und Zweck Musik ertönen lassen. Der vollautomatisierte Küchenroboter fängt inmitten der allgemeinen Verwüstung an, ein Frühstück für zwanzig, dreißig nicht anwesende Personen zu servieren. Das Haus fällt in sich zusammen, doch bis zum Schluß ist die gutgelaunte, sanfte Stimme des Weckautomaten zu hören, der die Tageszeiten mit den dazugehörigen Verpflichtungen ansagt.

Hier bietet es sich an, die Theorie zu Hilfe zu nehmen. Freud legte uns das Unbewußte mit seinen ewigen Phantasien offen: den Ödipuskomplex, der den Sohn dazu treibt, die Mutter erobern zu wollen und ihn in die von Haß- und Schuldgefühlen begleitete Rivalität mit dem Vater geraten läßt. Das sexuelle Streben nach der Mutter und jenes andere, primitivere Streben, das sich in dem Wunsch äußert, an die Mutterbrust oder in den Mutterleib zurückzukehren. Die Phantasien des Kleinkindes, das davon träumt, sich die Eltern einzuverleiben oder umgekehrt, von ihnen einverleibt zu werden, usw..

Die ödipale Phantasie ist in der einen oder anderen Form in jedem literarischen Werk anzutreffen. Die kannibalischen Phantasien kommen am unverhülltesten in manchen Märchen zum Ausdruck wie z. B. im Märchen vom *Rotkäppchen* oder in dem vom *Wolf und den sieben Geißlein.*

Freud lehrte uns, daß das Unbewußte weder Zeit noch Widersprüche kennt, daß seine Vorstellungswelt grenzenlos ist. In ihm existieren, Seite an Seite, das Wunderbare und das Schreckenerregende, ohne sich gegenseitig zu stören. Freud und seine Mitarbeiter (Abraham, Melanie Klein und später noch andere) haben uns auch darauf hingewiesen, daß in der Vorstellungswelt des Kleinkindes ein einziges Objekt – zuallererst die Mutterbrust – in zwei Bilder aufgespalten wird. So entsteht die Phantasie von einer guten, lustspendenden Brust und einer anderen, der bösen Brust, die sich verweigert und Leid und Unlust hervorruft. Das Kleinkind projiziert all das, was es an Bösem in sich spürt, nach außen, in seine Umwelt, die es infolgedessen als feindlich erlebt. Das Kleinkind ist, wie Melanie Klein analysiert hat, in seiner Liebes- und Schutzbedürftigkeit und in seinem ohnmächtigen Zorn furchtbar wehrlos. Da es die Frustration nicht erträgt, stellt es in seiner Phantasie idealisierte Objekte her – eine stets bereitwillig sich hingebende, unerschöpfliche Brust –, die es zufriedenzustellen und die es seinerseits zu beschützen sucht. Daneben stellt es aber auch schreckliche, verfolgende Objekte her, von denen es angegriffen wird und die es seinerseits anzugreifen versucht, damit sie die guten Objekte nicht zerstören können. Dieses Stadium nennt Melanie Klein die *«paranoid-schizoide Position»*. Wenn das Kleinkind nun von seiner realen Umgebung Liebe und Milch in genügendem Maße erhält, und – wie Bion, ein Schüler Melanie Kleins, hinzufügt –

auch eine Mutter, die beim Stillen mit offenen Augen liebevoll vor sich hin träumt, so kann es nach und nach die Wirklichkeit annehmen und seine primitiven Phantasien aufgeben. Sowohl das Wunderbare als auch das Schreckenerregende büßen dann ihre ursprünglichen extremen Züge ein. Schließlich können die gute und die böse Mutterbrust, die gute/böse Mutter und der gute/böse Vater wieder zu einem einzigen Bild verschmelzen.

Bevor das Kind dazu in der Lage ist, muß es auch den Punkt erreicht haben, an dem es erkennt, daß das, was es zuvor in seinen Phantasien gehaßt und zerstört hat, das Gute und Ersehnte war. Es muß sich seinen Haß eingestehen und seine Schuld und die Trauer um die zerstörten Objekte annehmen können (depressive Position). Dies gelingt ihm jedoch niemals vollständig, wenn es sich in der Wirklichkeit nicht durch die Liebe seiner Umgebung gestützt fühlt. Es gelingt ihm auch nicht, wenn die schreckenerregenden Bilder so furchtbar sind, daß das Kleinkind das Risiko nicht eingehen darf, das – aufgrund der Intensität seiner eigenen Aggression oder aufgrund unheilvoller Erfahrungen – mit einer Entidealisierung der schützenden Objektgestalten verbunden wäre. Ist dies der Fall, regrediert es (Rückkehr in die paranoid-schizoide Position) und bemüht sich, die Idealisierung immer weiter zu verfestigen, im gleichen Maße, wie es das Vorhandensein der bösen Bilder in seinem Inneren zu leugnen sucht. Solange, bis seine Abwehrkräfte sich allmählich erschöpfen und hinter dem Wunderbaren das Schreckliche zum Vorschein kommt.

Das gleiche geschieht in den *Mars-Chroniken*. Die Menschen schützen sich, indem sie alles Böse in die äußere Umgebung projizieren. Nicht die Menschenwesen erscheinen als Angreifer, sondern die Marsbewohner, die anderen, *«mit denen man selbst nichts zu tun hat»*.

Durch die Spaltung der Objekte und die Projektion alles Bösen wird das eigene Ich, das ursprünglich beides enthält, in seinem Gleichgewicht gestört und verliert seine Einheit und seine Grenzen. Dieser Vorgang erklärt auch die Regression in sehr primitive Entwicklungsstadien bei einem bestimmten Typus der Psychose, den wir Schizophrenie nennen.

Ich habe unter einer Vielzahl von Science-fiction-Erzählungen eine ganz bestimmte Auswahl getroffen, um zu verdeutlichen, daß ihre Nützlichkeit und Anziehungskraft auf der Eigenschaft beruhen, grundlegende psychologische Prozesse in unserem Inneren in verschiedener Weise darzustellen. In den ersten Erzählungen ist es die abenteuerliche und heldenhafte Suche nach dem idealisierten Objekt. In den *Mars-Chroniken* dagegen scheitert die Wiederbegegnung mit den geliebten Objekten an der Verneinung des Verlusts und seiner Ursache, unserer Schuld ihnen gegenüber. In der zuletzt erzählten Chronik *Der große Regen* kommt es – wie in vielen anderen Erzählungen, die hier unerwähnt bleiben mußten – zum Totalverlust der Objekte und der an sie gebundenen Affekte. Was bleibt, ist die bloße, sinnlose und leblose Technik, ein ausgehöhlter Schalenpanzer, der in ihre Elemente zusammenfällt: Dies ist die Schizophrenie, die Auflösung einer Einheit, die in Teile auseinanderfällt, die Phantasie vom Weltuntergang und der Verlust der Ich-Integration.

Kommen wir zu unserer Ausgangsfrage zurück: Warum fühlen sich soviele und vielleicht insbesondere Psychoanalytiker von dieser Literatur so angezogen? Was hat die Freudsche Theorie damit zu tun?

Freud und seine Nachfolger haben uns gelehrt, Psychotiker zu verstehen und ihnen zuzuhören. Sie haben uns die Angst vor ihnen genommen und uns klar gemacht, daß sie durchaus keine «*Marsmenschen*» sind. In ihrem Inneren spielen sich die gleichen psychologischen Prozesse ab wie bei allen anderen Menschen auch; sie haben die gleichen Phantasien, nur stärker und intensiver. Vielleicht hängt unser heutiges Bemühen, die Psychotiker zu verstehen und uns in ihre Phantasiewelt einzufühlen, und sei es auch nur durch die Lektüre der ausgesprochen psychotischen Science-fiction-Erzählungen, nicht nur damit zusammen, daß wir sie inzwischen ein wenig besser verstehen und daher ein bißchen weniger Angst vor ihnen haben, sondern in mancher Hinsicht mit einem eigenen inneren Bedürfnis: Wir leben in einer Zeit, die von Unsicherheiten und revolutionären Veränderungen geprägt ist, in einer Zivilisation, die dem Kleinkind die natürliche Bindung an die Mutter mehr und mehr entzieht und durch unpersönliche technische Hilfsmittel ersetzt. Die Kinder sind psychotischer als frühere Generationen. Und wir bewegen uns in einer Welt, die – wie das Unbewußte und die psychotischen Phantasien – in mancher Beziehung grenzenlos geworden ist.

Auch früher schon gab es finstere Erzählungen, die jeder Logik und Wahrscheinlichkeit entbehrten. Ihre Autoren waren, um nur einige zu nennen, E. A. Poe, E. T. A. Hoffmann und Meyrink. Und es gab auch Märchen, die jedoch meistens schon im Stereotyp einer ödipalen Symbolkonstellation erstarrt waren. Doch nie zuvor war die Literatur so sehr wie heute vom Thema der Psychose beherrscht. Wir finden es in *Steppenwolf* von Hermann Hesse wieder, der zeigt, wie viele verschiedene Persönlichkeiten eine einzige Person enthalten kann, in *Der Fremde* von Camus und in *Barabbas* von Lagerkvist, in denen uns schizoide Persönlichkeiten vorgeführt werden. Es sind Werke, in denen zwar von Psychose gesprochen wird, die sich jedoch, zumindest teilweise, an die Wirklichkeit halten. Erst in der Science-fiction-Literatur finden wir die Möglichkeit, mit unseren eigenen Psychosen zu spielen und völlig ungebunden in einer psychotischen Welt ein- und auszugehen, in der unserer Phantasie keine Grenzen gesetzt sind und die frei ist von Kompromissen, wie sie ein ernsthaftes Kunstwerk mit sich bringt. Ich glaube, daß das Vergnügen, das wir trotz ihrer ästhetischen Mängel an ihr finden, gerade hierin besteht: in der Möglichkeit, etwas zu spielen, das uns im Grunde ängstigt, und in der Leichtigkeit, mit der wir uns dem Spiel zuwenden und uns wieder von ihm abwenden können. Und auch das, was mich dazu bewogen hat, dieses Buch zu schreiben – in dem es manchmal schwerfällt, die Phantasie von der objektiven Realität zu trennen –, dürfte im Grunde jenes Vergnügen sein, ein Spiel zu spielen, eben das Spiel, das uns erlaubt, in die phantastische innere Welt der anderen einzutauchen und uns so auch mit unserer eigenen vertraut zu machen, mit allem, was diese an Wunderbarem und Schrecklichem enthält. Wir begeben uns gerne und frei von Angst in eine solche Welt, solange wir wissen, daß die Tür zum Ausgang offensteht und daß wir nicht in ihr gefangen bleiben wie in einer Falle.

1 *Viaje al centro de la tierra*, in: *Revista de Psicoanálisis*, Bd. VII, Nr 1, Buenos Aires, 1949.

2 Auf Initiative von Emilio Rodrigué erschien ein Band mit Science-fiction-Erzählungen, die von einer Reihe von argentinischen Psychoanalytikern verfaßt wurden.

3 Dieses Buch erschien zum ersten Mal 1957, noch bevor sich die revolutionären Entwicklungen in der Raumfahrt abzuzeichnen begannen. Inzwischen ist dieses frühere «*Jenseits*» jedoch ein tatsächlicher Bestandteil unserer Welt geworden und ist damit auch Gegenstand des Kampfes um eine bessere Zukunft. Daher gibt es gegenwärtig auch in den sozialistischen Ländern eine Science-fiction-Literatur.

4 Der Mond ist im Spanischen weiblich, «*la luna*». Daher liegt der Vergleich mit einer Frauengestalt näher als im Deutschen (Anm. d. Übersetzerin).

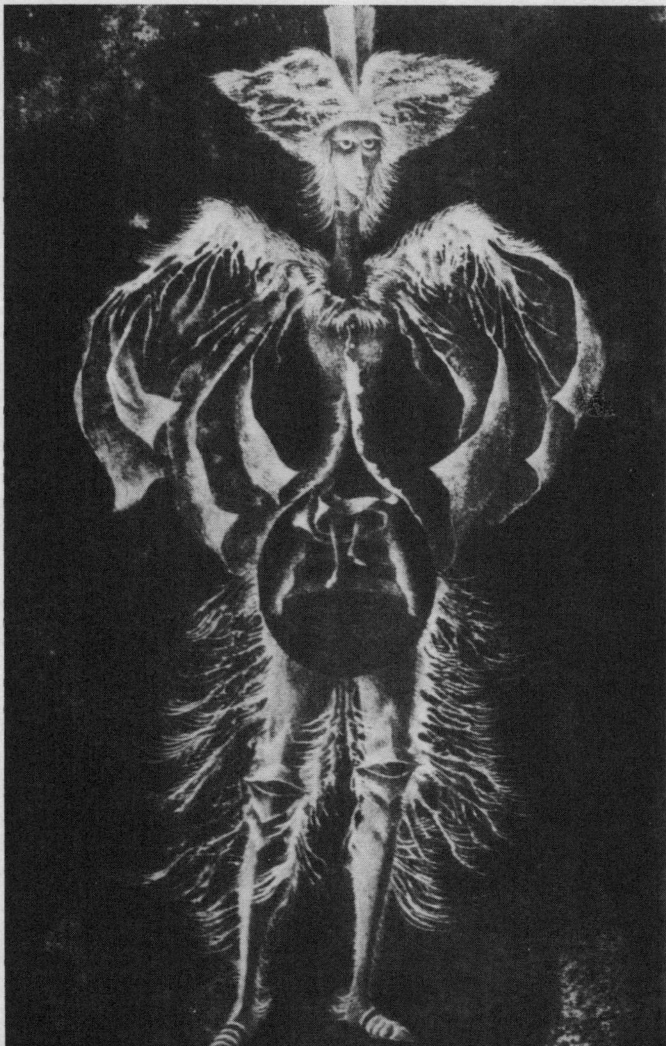

DIE WANDLUNG

Ich, Selma, die ich bald Mutter sein werde, allein, in einer Zeit, in der Derartiges längst der Vergangenheit angehört – als wäre ich eine Wilde, die nicht gelernt hätte, ihre Gefühle und ihren Körper unter Kontrolle zu halten – ich also schreibe diesen Bericht auf, um mir Klarheit zu verschaffen und zu verstehen, wie ich in diese absurde Lage gelangen konnte. Allerdings auch, weil das Wissen über vergangenes Geschehen der Wissenschaft von Nutzen sein kann.

Alles fing mit meiner Behandlung bei Aline Apfelbroot an, oder begann es vorher? Doch, Aline war schon da, als ich in diese Welt einbrach, und sie ist noch immer bei mir. Das irritierende Gefühl, das mich damals zu ihr geführt hat, ist geblieben. Nach unserer ersten Sitzung war ich genauso bestürzt und verstört wie vorher, nur hatte ich jetzt erfahren, daß ich Glückseligkeit, nicht nur Leid empfinden kann.

Schon während der Behandlung wurde ich mir nicht nur meines Inneren bewußt, sondern in verwirrender Weise auch dessen, was in ihr vorging. Doch gerade in diesen Tagen, da ich ihr Tagebuch und ihre Doktorarbeit lese, beides fiel mir in die Hände, nachdem Aline A. so jäh verschwunden war, habe ich den Anspruch, alles zu begreifen. Die Doktorarbeit trägt den Titel: *Die Vorfahren und die Evolution des Psychomodellismus.* Ich fand die Arbeit sehr lehrreich, sie ist in einem klaren, vielleicht nicht gerade brillianten Stil geschrieben. Das Thema ist systematisch und genau entwickelt und steht in krassem Gegensatz zu den in ihrem Tagebuch gemachten Notizen. Es wundert mich keineswegs, daß Aline A. ein Tagebuch von eigener Hand geschrieben hat, wie man es in jenen Zeiten tat, die längst vergangen sind. Dank dieses Tagebuchs wurde es mir möglich, den intimsten Teil ihrer Persönlichkeit zu entschlüsseln und jenen Prozeß ein wenig besser zu verstehen, der sich mit wachsender Intensität zwischen uns entwickelte, bis er aus unserer Kontrolle geriet.

Ich beginne ganz von vorn. Folgt man dem Tagebuch, so scheint es, als ob Aline Apfelbroot schon von klein auf eine starke, zwar unbewußte, aber immerhin beunruhigende Affinität zum Psychomodellismus gespürt und entwickelt haben muß. Sie spricht in ihrem Tagebuch von einem Lied, das sie tief beeindruckt und in ihr ein für heutige Zeiten seltsames Gefühl, eine Art Sehnsucht, und den Wunsch, sich selbst und andere zu verwandeln, geweckt hat. Immer wieder schrieb sie den Text dieses Liedes nieder: *«How you have changed my way to be, nobody can take away from me.»* Sicher, es war ein altes Lied und sang von Liebe und Abschied. Ihre Großmutter hatte es oft gesungen. Diese war Psychoanalytikerin gewesen, keine der ersten selbstverständlich, und auch nicht der unbedingt klassischen. Ihre Arbeit und Forschung erfolgte in der zweiten Hälfte des vorigen Jahrhunderts. Immer wieder hat sie darauf bestanden, daß die Worte des Liedes die Gefühle eines Menschen wiedergegeben hätten, dessen Analyse abgeschlossen war.

«Fühlen, was bedeutet fühlen?» hatte sich Aline als Kind gefragt. Sie erinnerte ein spannungsgeladenes Gespräch zwischen ihrer Mutter und Großmutter, dessen Ursache sie, Aline, war. Sie hatte es gerade mithilfe von Psychodrogen geschafft, ihre Wutanfälle, die zwar selten, dafür aber umso heftiger auftraten, zu kontrollieren. Das erzählte die Mutter voll Stolz der Großmutter. Außerdem kündigte sie ihr an, daß Aline von nun an täglich, obgleich sie noch so klein war, mit einer Dosis Psychodrogen behandelt würde, die noch intensiviert werden sollte, damit auch sie auch in den Genuß der überaus nutzbringenden Neopädagogik käme. Die sonst so gelassene Großmutter, die selbst nie Drogen genommen hatte, erwiderte streng und gereizt: *«Wozu willst du dieses lebhafte und spontane Kind in einen Roboter, der außer clever und gehorsam nichts ist, verwandeln?»* Die Mutter entgegnete ihr verwundert:

«Willst du etwa, daß sie weint, schreit und lacht?» Aline verstand damals nicht jedes Wort, doch die Atmosphäre und den tieferen Sinn der Worte erfaßte sie genau. Mama wollte vermeiden, daß Aline ihren Gefühlen und Empfindungen unterliegt, wie ich zum Beispiel, Selma. Sie wollte ihr Gefühle der Sehnsucht und Verlorenheit ersparen. Sie sollte weder von anderen Menschen und Dingen abhängig sein noch den Sinn von Angst, Konflikt oder Wunsch erfahren müssen. Auf diese Weise, dachte Aline mit bitterer Ironie, werde ich zu einem perfekt angepaßten, nützlichen Mitglied der Gesellschaft dieses glorreichen 21. Jahrhunderts oder besser gesagt des 2. Jahrhunderts dieses unseren Atomzeitalters.

Es ist wahr, Aline erinnerte sich an diesen Moment, sie erinnerte auch die Gefühle, die in ihr auftauchten, als sie den beiden lauschte. Von der Großmutter blieb allerdings nur ein vages Bild. Sie war damals schon eine alte Frau – zu ihrer Zeit hatten die Menschen noch nicht gelernt, sich zu verjüngen –, die ihr Science-fiction-Geschichten erzählte, naive Geschichten, die längst von der Realität eingeholt worden sind. Bald darauf starb die Großmutter nach altmodischer Art an einer Lungenentzündung, und Aline vergaß sie. Erst vor kurzem fiel sie ihr wieder ein, nämlich als sie bei der Berufsberatung im Arbeitsamt war und sich zu der Bearbeiterin sagen hörte, für sie selbst völlig überraschend, sie würde am liebsten Psychotechnik und Psychomodellismus studieren wollen.

Kein leichtes Studium, keine leichte Laufbahn erwarteten sie. Sie mußte mit den präatomaren Fächern wie Infinitesimalrechnung und Yoga-Gymnastik anfangen, danach die klasssischen Fächer der TELEMATERIE (Telepathie, Telekinese, und Telekommunikation) erarbeiten, und schließlich mußte sie sich auch noch die Lehre von den UFOs aneignen und den Adaptasmus von Rotterdam und Psychomodellismus studieren. Letzterer wurde Gegenstand ihrer Doktorarbeit.

Zu diesem Zweck begann Aline, die Bibliothek ihrer Großmutter durchzugehen, las die Bücher, bemerkte die Unterstreichungen, die die Großmutter immer wieder gemacht hatte, und vertiefte sich in deren eigene Arbeiten. Sie war fasziniert und betrübt zugleich – soweit das kluge und psychoadaptierte Mädchen Aline fasziniert und betrübt sein konnte –, als sie sah, was für ein langer Weg zwischen den ersten Entdeckungen Freuds und dem Psychomodellismus lag.

Um die spätere Richtung zu verstehen, die Aline in ihrer Untersuchung eingeschlagen hat, ist es notwendig, einige der Elemente zu kennen, die sie in ihrer Doktorarbeit beschrieben hat. *«Übertragung»* und *«Gegenübertragung»* waren die ersten schwierigen und bedeutsamen Worte, auf die ich darin stieß. Ich las die Definitionen wieder und wieder, überlegte hin und her, ohne irgendetwas zu verstehen, bis ich mich an ein Ereignis erinnerte, das sich während meiner Behandlung zutrug. Zurückgelehnt auf der Couch sah ich mich plötzlich als kleines Mädchen, schmutzig und gesund, im Innenhof unseres Gutes. Ich mag um die fünf Jahre alt gewesen sein und heulte vor mich hin, wütend mit den Füßen stampfend. Auf dem Boden saß eine Katze, die genüßlich meine Milch, die mir umgekippt war, aufschleckte. Mir war es gelungen, diese Szene aus meiner Kindheit wiederzuerleben, kurz nachdem ich einen langen Augenblick auf der Couch gestrampelt und geschrien hat und die unerschütterliche Aline, die hinter mir saß wie damals ihre Großmutter hinter ihren Patienten, des Spottes, der Bosheit und Grausamkeit beschuldigt hatte.

Es gab noch einen weiteren Schlüsselbegriff in ihrem Bericht über die klassische Psychoanalyse: *«Gegenübertragung»*. Sie bezeichnet gemäß der gelehrten Definition von Aline *«einen emotionalen und regressiven Prozeß, der sich im Analytiker abspielt und durch die auf ihn gerichteten Gefühlen des Analysan-*

den ausgelöst wird und ihnen entspricht.» Nie hätte ich den Sinn dieser Worte erfaßt, wenn mich Alines Tagebuch und die Ereignisse, die sich zwischen uns abgespielt haben, nicht plötzlich zu einer beunruhigenden Entdeckung geführt hätten.

Doch folgen wir weiter ihrer Doktorarbeit. Da die Analyse damals viel Zeit kostete und einen schmerzvollen Prozeß bedeutete, modifizierte man sie, ohne nennenswerten Erfolg, mit verschiedenen Varianten, bis man das Interesse an ihr verlor und sich mit neu erwachtem Optimimus einer unlängst erarbeiteten Methode zuwandte: der Kombination von Verjüngung und *«imprinting»*. Heutzutage wissen wir alle, was eine Verjüngungskur ist und wie sie funktioniert. Wir wissen auch, daß man mit großer Sorgfalt vorgehen muß, um sie nicht schädigend und vor der streng vorgeschriebenen Altersgrenze anzuwenden. In der Zeit jedoch, als man an der Kombination mit dem *«imprinting»* herumexperimentierte, waren die Nebenwirkungen noch nicht bekannt. Der Begriff des *«imprinting»* stammt übrigens aus der Tierpsychologie bzw. der Verhaltensforschung. Da ich *«wie eine Wilde»* heranwuchs und immer noch mit Tieren lebe, interessierte mich das sehr persönlich. Man entdeckte, daß für das gerade aus dem Ei geschlüpfte Entlein das erste lebende Wesen, das ihm begegnet, seine Mutter *«ist»* bzw. zu seiner Mutter wird, d. h. es muß nicht unbedingt irgendein beliebiges Lebewesen, es könnte genauso gut ein entsprechend funktionalisierter Roboter sein. Ich sage *«ist»*, weil über Tausende von Jahren es natürlich immer die Mutter-Ente war, die das gerade entschlüpfte Entchen als erste sah, der es nachfolgte, die es imitierte. Wenn man nun das Muttertier durch ein anderes Tier, eine Person oder gar ein lebloses Objekt ersetzt, so führt eben das zum *«imprinting»* des Entenkükens, das in der Folge die Fähigkeiten und Lebensweise des Ersatzobjektes erlernt. Die aus dieser ersten Begegnung resultierende Veränderung ist prägend. (Erinnern Sie sich an das Lieblingslied von Alines Großmutter: *«How you have changed my way to be...»?*) Niemand kann auf ein anderes Lebewesen, einschließlich seiner genetischen und inneren Strukturen, so bestimmend einwirken wie der, der sich ihm in diesem ersten entscheidenden Augenblick zuerst nähert. Als ich das las, mußte ich daran denken, wie anders und besser es gewesen wäre, wenn Aline mir als erste begegnet wäre und ihre Großmutter sie als erste in ihren Armen gehalten hätte. Ich dachte auch an die große Verantwortung, die ich bei meiner zukünftigen Aufgabe zu tragen haben werde.

Das *«imprinting»* oder genauer das *«re-imprinting»* – letzteres war von Interesse, ging es doch darum, die Unangepaßten erneut anzupassen und ihr schädigendes Verhalten zu verändern – ist nur in Kombination mit einer radikalen Verjüngungsprozedur realisierbar. Man hat also zu experimentieren begonnen, ohne die damit verbundenen Gefahren zu kennen. Wir alle wissen, was dann geschah. Die anfängliche Verwirrung der Forscher machte bald deren Bestürzung Platz, die Öffentlichkeit und zumindest einige der Opfer reagierten mit Empörung. Als sich die Wogen des Skandals – in den auch einige hohe Persönlichkeiten verwickelt waren – geglättet hatten, wurde, um zukünftige Unglücksfälle zu vermeiden, in der Therapie die Remodulation und in der Theorie der Psychomodellismus zur Pflicht erklärt.

Ein gangbarer Weg fand sich, als die Folgen des Polyäthyläthylpandemania-Mittels mit seiner effektiven und lebensverlängernden Wirkung bewiesen wurde. Damit hatte man eine ideale Lösung gefunden. Wenn man ein menschliches Geschöpf von seiner Geburt an sorgfältig mit dieser Droge behandelte, würde es zu einem ausgeglichenen Wesen gedeihen, und es würde keine Unangepaßten mehr geben. Es blieben nur einige Erwachsene wie ich übrig, die mit Hilfe kombinierter und äußerst sorgfältig angewandter Behandlungsmethoden umgeformt werden müßten. Aline Apfelbroot hatte beschlossen, in ihren Forschungen sich dieser Personengruppe zu widmen. Und genau dort endete ihre Doktorarbeit, allerdings mit einem für eine gelehrte und wissenschaftliche Dissertation außergewöhnlichen Satz, der voller Sentimentalität war und keinen Zweifel daran ließ, daß ihre Großmutter sie bereits zutiefst beeinflußt hatte. So schrieb sie in bezug auf den zukünftigen Fortschritt und spätere, bereits erfolgreich angepaßte Generationen: *«Es werden zufriedene, selbstgenügsame und fähige Menschen sein. Sie sind den Anfordernissen ihrer Zeit gewachsen, tüchtig genug, die Galaxis zu bevölkern. Aber werden sie wirklich glücklich sein und kennen doch die Gefühle nicht, die die Menschen haben, wenn sie die Morgendämmerung betrachten, nicht die süße Melancholie, die ein Sonnenuntergang auslösen kann, und auch nicht jenes verwirrende, lust- und qualvolle Gefühl, das die erste Liebe hervorruft?»*

Was folgt, sind Auszüge aus dem Tagebuch von Aline, in denen sie ihre Erfahrungen, Zweifel und Grübeleien, ihre Ängste niedergeschrieben hat und von ihren mutigen Entscheidungen, ihren Hoffnungen und ihrem letzten Experiment erzählt.

Eine große Empfindsamkeit, die zwar im Laufe der Behandlung etwas gedämpft wurde, band sich mit der von der Großmutter ererbten psychologischen Neugier zu der Kühnheit einer wahren Forscherin. Was ihr jedoch fehlte, war gewissermaßen die japanische Beharrlichkeit beim Regulieren und Steuern. Es ist daher nicht weiter verwunderlich, daß sie es bald satt hatte, ihre Patienten routiniert und perfekt zu *«modellieren»;* das hatte man sie zwar mit großer Sorgfalt gelehrt, ihre Ergebnisse jedoch blieben trotz der aufgewendeten Mühe höchst mittelmäßig. In dieser Zeit ist ihr Tagebuch voll von Klagen.

«8. Juli '56: Wie schrecklich, gestehen zu müssen, daß meine Arbeit mich langweilt, die Unangepaßten langweilen mich, vielleicht nicht einmal so sehr, viel schlimmer ist, daß mich die Angepaßten geradezu anöden. Ich kann so nicht weitermachen und ohne Überzeugung arbeiten. In dieser Nacht hatte ich einen seltsamen Traum, ich sprach mit meiner Großmutter. Sie schien mir jung, ärgerlich und entschieden. Sie sagte, daß ich mich gezwungenermaßen langweilen müsse, wenn weder ich noch meine Patienten etwas fühlten, und daß wir tot seien, und wenn wir noch lebendig sein sollten, dann säßen wir hinter unseren Mauern aus Sidia. Während sie das sagte, sah ich mit Schrecken, wie sich weiße, weiche Mauern auf mich zuschoben und mich mehr und mehr einschlossen. Als ich vollkommen eingekreist war, wachte ich mit Panik auf.

12. Juli '56: Ich diskutiere weiter mit meiner Großmutter, aber glücklicherweise nicht mehr im Traum. Ich verbringe meine freie Zeit damit, mir lange Gespräche mit ihr vorzustellen. Ich frage sie um Rat, und sie rät mir, tollkühn. Sie drängt mich, zu rebellieren. Werde ich jetzt verrückt?

15. Juli '56: So will ich nicht weitermachen, die Diskussionen mit einer imaginierten Großmutter genügen mir nicht mehr. Ich beginne sie in alten Büchern zu suchen. Im Moment lese ich ‹Historische Rückblicke›, geschrieben im letzten Jahrhundert. Mich erstaunt der Reichtum an Gefühlen, die dort beschrieben sind. Liebe, Zärtlichkeit, Sehnsucht, Schuld, Haß und Gier. Was für ein Gegensatz zu den stumpfsinnigen Geistern von heute. Sind diese Gefühle in uns etwa noch lebendig? Ich werde mein Möglichstes tun, um sie in meinen Patienten wiederzuerwecken, trotz aller Verbote und Risiken.»

Aline begann zu experimentieren, sie mußte es tun. Behutsam reduzierte sie nach und nach die «*Sidia*»-Dosis – die tägliche Dosis an der Psychodroge Polyäthyläthylpandeminia

– für sich und ihre Patienten. Sie gewöhnte es sich ab, Einfluß zu nehmen, sie empfahl nicht und gab keine Anweisungen mehr, d. h. sie hörte auf, sie zu *«modellieren»*. Damit gewann sie ihre Fähigkeit zuzuhören zurück und ihre Gabe zur Empathie. Das Experiment schlug allerdings bei ihren Patienten fehl; statt zu fühlen, begannen sie zu handeln.

«20. August '56: Hat Mama recht gehabt, als sie in jener berühmten Auseinandersetzung mit der Großmutter daran festhielt, daß ich mich ohne Drogen zu einer Verrückten entwickeln würde, die es nie lernen würde, sich zu beherrschen? Tatsächlich, der Patient 973C hatte heute einen Anfall. Er brach in brüllendes Gelächter aus, schrie und heulte, ich war mir völlig bewußt, daß das eine Inszenierung war, künstlich.

3. September '56: Ich weiß nicht mehr, was ich suche. Will ich die menschliche Fähigkeit zu fühlen zurückerobern? Will ich, daß meine Patienten fühlen können? Doch welche Gefühle würden dann zwischen ihnen und mir entstehen? Was geschah früher in der Übertragung und der Gegenübertragung? Müßten wir den alten, von Freud und Sophokles beschriebenen Ödipuskomplex erneut durchleben? Jenes alte Märchen, demzufolge ein Sohn seinen eigenen Vater tötete, um seine Mutter zu heiraten? Müßten wir in uns so weit zurückgehen können, daß wir uns als das Baby wieder fühlen, daß seine Mama mit Haut und Haaren liebt? Oder noch weiter, bis wir erinnernd in den Mutterleib zurückgekehrt sind? Ich weiß es nicht. Nur eines weiß ich sicher, daß ich alles tun werde, um die Spuren zu finden, die der Anfang des Hasses und der Liebe waren.»

Aline änderte die Technik und begann mit der verteufelten und verbotenen Droge *«Juvenal»*, dem Verjüngungsmittel, zu experimentieren. Wenn sie sich selbst nicht verjüngte, könnte sie den Dingen nicht auf den Grund kommen. Doch sie achtete sehr genau auf die Dosierung der Droge, um die körperlichen Auswirkungen auf ein Minimum zu reduzieren. Sie gelangte zu einer niederschmetternden Erkenntnis. Auch auf diese Weise konnte sie bei den meisten Patienten keine Gefühle mobilisieren, sie hatten einfach keine; zur Welt gekommen nach einer perfekten Geburt, in einer mit Sidiaspray gesättigten Atmosphäre, von allemal perfekten Hebammen in Empfang genommen, die gewissermaßen den ersten Schrei schon unterdrückten. Diese Generation wurde bereits mit der ersten Milchflasche vollkommen konditioniert und hatte entsprechend gar keine Möglichkeit, Gefühle zu entwickeln, folglich auch keine, sie zu unterdrücken. Wie sollte sie in ihnen Gefühle beleben, die nicht existierten, selbst wenn sie noch so weit bei ihrer Suche zurückginge?

«3. November '56: Es hat keinen Sinn, so weiterzumachen. Ich will eine Auswahl unter meinen Patienten treffen. Einen letzten Versuch mache ich noch. Wenn ich nur jemanden finden könnte, dessen Lebensbeginn ein bißchen anders, ein wenig altmodischer gewesen ist…»

Ich war gerührt, als ich diese Notiz in Alines Tagebuch las. Denn in diesem entscheidenden Moment kreuzten sich unsere Wege. Ich befand mich im *«Amt für Remodellismus»*, es war ein bewölkter, kalter Wintermorgen. Ich saß wartend in einer Ecke. Wie immer fühlte ich mich unglücklich, ein seltsames Geschöpf eben. Ich habe nie wirklich begriffen, was für ein Problem Aline mit den Gefühlen hatte, denn ich kannte es seit jeher, wie man sich fühlt, wenn man unglücklich ist. Und doch lernte ich über sie, mich glücklich zu fühlen. Sie betrat den Raum, groß, ungepflegt, den Kittel achtlos um sich gehängt. Ihr sympathisches Gesicht zeigte eigentlich einen gelassenen Ausdruck, der aber nicht im Einklang stand mit ihrem gequälten und drängenden Blick. Unkonzentriert nahm sie die Karteikarten auf, die das Fließband auf den Tisch transportierte. Sie enthielten die Ergebnisse der Tests und Interviews, die der Computer gemacht hatte. Plötzlich erwachte ihr Interesse. *«Sie sind aus Vagora?»* fragte sie mit sanfter Stimme, *«aus einem der wenigen noch existierenden unterentwickelten Gebiete?»*

In diesem Moment hellte sich der Raum auf. Ein schräg einfallender Sonnenstrahl durchflutete die Glaswand und brachte ihr Gesicht zum Leuchten. Ich verspürte ein Schwindelgefühl. Das Blut pochte in meinem Schädel. Wie gern hätte ich ihr so viel erzählt, sie gebeten, sich mit mir zu beschäftigen und nie mehr davon abzulassen, zumindest hätte ich gern ihre einfache Frage beantwortet. Doch ich konnte nicht. Ich spürte etwas Seltsames in meiner Kehle, ich würde weinen. Zum Glück verstand sie alles. Ohne ein einziges Wort zu sagen, entschloß sie sich, mich in Behandlung zu nehmen. In ihrem Tagebuch schreibt sie:

«10. November '56: Selma fasziniert mich. Meine Entscheidung war schließlich doch richtig. Schon jetzt beginnt sich ihr Zustand zu verändern, unmittelbar nachdem ich die Dosis Sidia gestrichen habe. Was mich betrifft, so nehme ich die Droge schon lange nicht mehr.»

Ich überspringe einige Aufzeichnungen.

«20. Dezember '56: Es stimmt, was in den alten Texten geschrieben steht. Ich hege keinen Zweifel mehr daran, daß Selma ihren Weg zurückgeht. Zur Zeit erlebt sie von neuem und gemeinsam mit mir die Ereignisse und Gefühle, die sie als fünfjährige durchgemacht hat.

5. Januar '57: Und was ist mit der Gegenübertragung? Kurz nachdem ich Juvenal eingenommen hatte, immer in niedrigen Dosen, um drastische körperliche Veränderungen zu vermeiden, begann ich mit Selma zu fühlen. Es ist jedoch ein seltsames und verwirrendes Gefühl. Manchmal scheint sie meine Mutter zu sein, fast immer meine Großmutter, nie jedoch – ich glaube, daran ist etwas Wahres – mein Vater. Aber das wäre ja auch schwierig, habe ich ihn doch nie gekannt. Er starb, bevor ich zur Welt kam, bei dieser unglücklichen Expedition zum Mars.

12. Januar '57: Selma macht atemberaubende Fortschritte. Bald werden wir zusammen und in gleicher Weise fühlen. Wie schade, daß ich sie nicht unter anderen Bedingungen und an einem anderen Ort kennengelernt habe. Wir hätten so gute Freundinnen sein können und hätten uns verstanden.

30. Januar '57: Ich weiß nicht, was geschehen ist. Ich befürchte, daß Selmas Behandlung stagniert; und das, obwohl ich mich von allen anderen Patienten getrennt habe, um mich besser auf sie konzentrieren zu können. Ich denke an nichts und an niemand anders als an Selma.

20. Februar '57: Keine Neuigkeiten von der Front, wir treten immer noch auf der Stelle.

28. Februar '57: Keine Änderung. Ich habe Angst. Ich habe furchtbare Angst, die andere Selma, die ich zu neuem Leben erwecken konnte, verloren zu haben. Ich bin verzweifelt, wenn sie so gleichgültig ist wie in den letzten Tagen. Ich würde alles tun, um sie zu verändern.

15. März '57: Keine Änderung. Doch jetzt habe ich eine geniale Idee. Wenn ich sie ausführen sollte, wüßte ich nicht, wer und was ich bin, eine Heldin, eine Verrückte oder eine Verbrecherin. Doch, wie dem auch sei, ich fühle. Ich werde es tun, heute noch werde ich es vollbringen, damit der Prozeß wieder in Bewegung gerät. Ich werde eine hohe Dosis Juvenal nehmen, kurz darauf noch eine. Was dann passiert, wird sich zeigen.»

An diesem Tag, dem Tag unserer letzten Sitzung, endet Alines Tagebuch. Da sah ich sie zum letzten Mal. Wie schade, ich schaute ihr nicht ins Gesicht. Doch ausgerechnet an diesem Tag schlug ich, warum weiß ich nicht, die Augen nieder, als ich eintrat und sie begrüßte. Ich betrachtete ihre Beine, die so schlank waren wie die eines jungen Mädchens. «*Warum*», fragte ich mich zerstreut, «*trägt sie ein derart langes Kleid? Sie kümmert sich eben nicht um Mode, dazu hat sie keine Zeit.*» Ich lehnte mich wie immer zurück, und sie setzte sich in ihren breiten Sessel hinter mich. Ich erinnere mich nicht mehr, wovon ich sprach, doch ich weiß noch, daß sie schweigsam war und auf eine seltsame Weise und unter Schwierigkeiten atmete. Etwas Beunruhigendes lag in der Luft. Ich muß wohl eingeschlafen sein. Seltsame Namen gingen mir durch den Kopf «*Maria Anunciata*» – Mariä Verkündung –, «*Concepción*» – Mariä Empfängnis. Es roch nach Heu, nach Stall. Ich hörte Vögel singen – seit ich Vagora verlassen hatte, habe ich keinen Vogel mehr singen hören – und ein kleines Kind weinen.

Ich wachte auf. Etwas hatte mich berührt. Irgendetwas war in mich eingedrungen. Mit einem Satz war ich auf den Beinen. Das Kleid von Aline lag auf dem Boden. Ihr Platz war leer. An der Seite, auf dem seit langem nicht mehr benutzten *Sidia*-Gerät, entdeckte ich ihr geöffnetes Tagebuch. Instinktiv, wie jemand, der Rettung sucht, weil er erstickt, griff ich nach dem Tagebuch und floh in panischer Angst aus diesem leeren und verschwiegenen Raum.

Es brauchte lange Zeit, bis ich mich beruhigt hatte. Noch mehr, bis ich verstehen konnte, was geschehen war. Ich las ihre Doktorarbeit, ihre Schriften und letzten Notizen immer und immer wieder. Als aber mein Körper begann, sich zu verändern, und breiter und voller wurde, als ich neues Leben in mir wachsen spürte, begriff ich alles. Dieses Mal, so schwor ich mir, würde Aline eine Mutter haben, die sie glücklich macht.

BILDNACHWEIS

S. 15, Foto von Marie Langer: Christa Spatz.

S. 17 und S. 45, mit freundlicher Genehmigung von Editorial Planeta.

S. 1, 46-9: mit freundlicher Genehmigung von Gisèle Freund.

S. 51, Queen Elizabeth I: Unbekannter Maler, ca. 1560, National Portrait Gallery, London.

S. 87, Barabbas, Ausschnitt aus: Pilatus stellt dem Volk Christus und Barabbas zur Wahl, Buchmalerei, 6. Jh., Konstantinopel oder Antiochia. Codex Rossanensis.

S. 117, Die Illustration von Riou ist der französischen Erstausgabe *Voyage au centre de la terre* von Jules Verne entnommen.

S. 155, Personnage, 1961: Remedios (katalanisch-mexikanische Malerin), aus dem Katalog zur ersten großen Retrospektive in Mexiko, 1966.

KRITISCHE PSYCHOANALYSE:

- **Sabina Spielrein I:** *Tagebuch einer heimlichen Symmetrie* – Sabina Spielrein zwischen Jung und Freud. Aldo Carotenuto Hrsg.
- **Sabina Spielrein II:** *Sämtliche Schriften.*
- **Marie Langer:** *Von Wien bis Managua* – Wege einer Psychoanalytikerin.
- **Marie Langer:** *Das gebratene Kind und andere Mythen* – die Macht unbewußter Phantasien.
- **Marie Langer:** *Mutterschaft und Sexus* – eine psychoanalytische und psychosomatische Studie.
- **Ψα Seminar Zürich:** *Between the Devil and the deep blue Sea* – Psychoanalyse im Netz.
- **Helmut Dahmer:** *Psychoanalyse ohne Grenzen* – Züricher Vorträge.

ERZÄHLTE FEMINISTISCHE WISSENSCHAFT:

- **Luisa Muraro:** *Vilemína und Mayfreda* – die Geschichte einer feministischen Häresie.
- **Wolfgang Scherer:** *Hildegard von Bingen* – Musik und Minnemystik.

0-Nº:

- **Verein zur Förderung der Madonnenerscheinungen:** *Bellamadonna.*
- **Institut für Ideologie-Design:** *Strichcode* – Buchsterben in Deutschland, ein fröhliches Computerrequiem.

SUI GENERIS:

- **Melitta Walter** Hrsg.: *Ach, wär's doch nur ein böser Traum!* – Frauen und Aids.

- Prospekt und Plakate auf Anforderung.

Kore Verlag - Holbeinstr. 12 - D-7800 Freiburg i. Br. - 0761/702034